Premières Leçons Batterie

par Frank Briggs

AF822312

Traduction et adaptation: Odile Noël

CONTENU DU CD

1 2 3 4 5 6 7 8 9 0

Introduction

Cet ouvrage est destiné aux batteurs débutants.

Il vous aidera à développer une bonne coordination entre la caisse claire, la cymbale charleston et la grosse caisse.

Première Leçon vous aidera aussi à monter votre batterie, à tenir correctement les baguettes et à jouer un morceau de style blues.

Jouer de la musique apporte beaucoup de satisfaction et offre de nombreuses heures de plaisir au musicien et à ses auditeurs.

J'espère que cette première initiation à la batterie vous stimulera suffisamment pour vous inciter à poursuivre votre éducation musicale.

À propos de l'auteur

Frank Briggs est musicien et professeur dans la région de Los Angeles. Il est l'auteur de plusieurs méthodes et DVD de batterie. Il a joué en tournée et enregistré aux États-Unis et à l'étranger aux côtés de divers artistes tout en se consacrant à une variété de projets commerciaux et institutionnels.

Suggestions de travail

Souvenez-vous que tous les tempos sont intéressants; travaillez donc tous les exercices à tous les tempos.

Matériel

Composition de la batterie de Frank:
Cymbales: Paiste
Peaux: Attack
Pédales et accastillage: HW
Fûts: Noble & Cooley
Baguettes: Regal Tip

Remerciements

Je tiens à remercier: William Bay, Tom Shelley, Jim Bickley. Michael Hakes, Rich Mangicaro, Eric Paiste, Joe Viscardi, Jay Jones, John Good, Don Lombardi, Attack, Paiste, Noble & Cooley, DW, Mark Nelson, Guitar Center, Sam Ash, Drum Studio, Mars Music, Long Island Drum Center, Drome Sound, Tom Lee Music, Shure Bros et J.C.

Réalisation

Enregistrement, maquette et design par:
712 Media, Los Angeles, California
Enregistré en novembre 2001

Ressources Internet

www.melbay.com
www.frankbriggs.com
www.iplaymusic.tv
Envoyer toute question ou remarque à:
firstlesson@frankbriggs.com

Livres de Frank Briggs

Easy Beats & Breaks (livre/CD)
Essential Reading (livre/CD)
The Complete Modern Drumset (livre/DVD)
The Good Foot (livre/CD)
Drum Set Dailies (livre/CD)
Funky Beats & Breaks (livre/CD)
First Lesson (livre/CD)

Première Leçon – Sommaire

Notions de base

Noires et soupirs à la caisse claire

Emploi de la grosse caisse

Emploi de la charleston

Pistes de métronome

Morceaux de play-back

Première Leçon – Signes musicaux

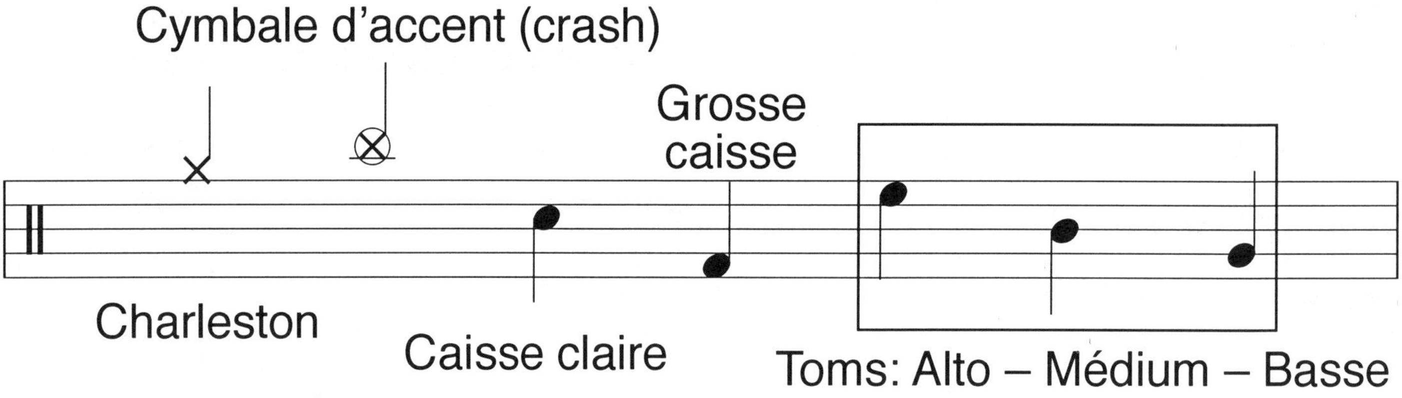

Voici une mesure de musique vide:

Voici la même mesure avec indication de la mesure à la clé pour le morceau:

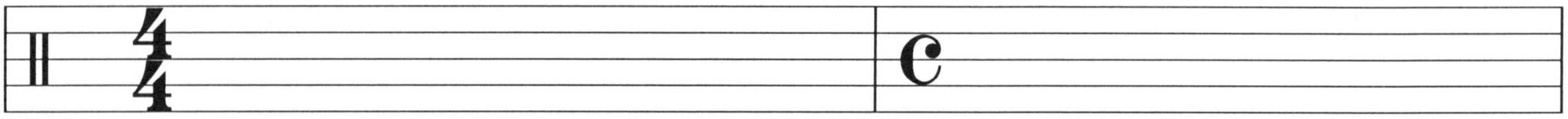

La fraction au début d'un morceau représente le rythme et la manière de le jouer. Le chiffre du haut indique le nombre de temps dans chaque mesure, celui du bas la valeur de note assignée à chaque temps. Ici, il y a quatre temps par mesure et chaque temps dure une noire. Le symbole C est une autre manière d'indiquer la mesure à 4/4.
C'est la seule mesure employée dans cet ouvrage.

♩ = 60 bpm (indication du tempo)

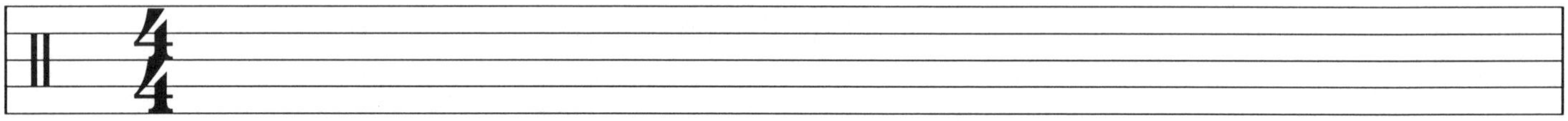

La musique doit également être jouée à une certaine vitesse, ou tempo, qui est indiquée en BATTEMENTS PAR MINUTES, ou bpm.
Par exemple, 60 bpm représente un battement par seconde, comme le déplacement de l'aiguille des secondes d'une montre.
Il faut également spécifier une valeur de note. Il s'agit généralement de la noire, bien qu'en théorie, on puisse employer n'importe quelle valeur de note. Voici donc la manière la plus courante d'exprimer le tempo d'un morceau de musique:

♩= 60 bpm, ou ♩= 120 bpm, etc., qui indiquent, respectivement, qu'une noire doit durer un seconde, ou une demi-seconde, etc.

Ces vitesses peuvent être réglées sur un instrument appelé métronome.
En général, les métronomes émettent un clic ou un bip selon le tempo choisi.
On trouve de nombreux types de métronomes dans le commerce.
Le CD comprend des pistes de différents métronomes pour vous y habituer.

Première Leçon – Signes musicaux

♩ = 60 bpm

Nous savons tous nous servir d'une règle.
Une mesure de musique remplit à peu près la même fonction, mais pour des sons.
Les noires ci-dessus divisent une mesure à 4/4 (ou 4 temps) en 4 sons émis à intervalles réguliers.
Elles s'appliquent ici à la caisse claire, mais pourrait tout aussi bien s'appliquer à un piano ou à tout autre instrument.

Les NOTES représentent des sons et des durées.
Les SILENCES sont des signes qui indiquent l'interruption du son.
Chaque figure de silence a une durée correspondante à celle d'une figure de note.

L'exemple ci-dessus comporte deux soupirs
(voir page 28 pour la liste complète des notes et silences).
Ces silences sont chacun de la durée d'une noire.

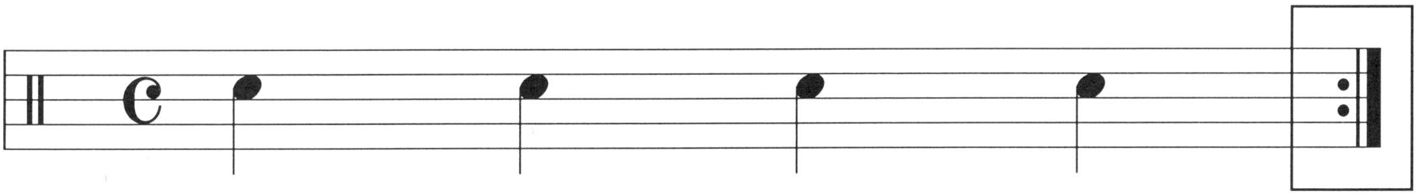

Signe de répétition

Un *signe de répétition* signifie qu'une ou plusieurs mesures doivent être répétées.
Il faut alors revenir au début d'une phrase musicale et la rejouer une fois (sauf autre indication).

Vous devrez répéter les exercices de cette leçon jusqu'à pouvoir les jouer sans aucun mal.

Première Leçon – La notation musicale

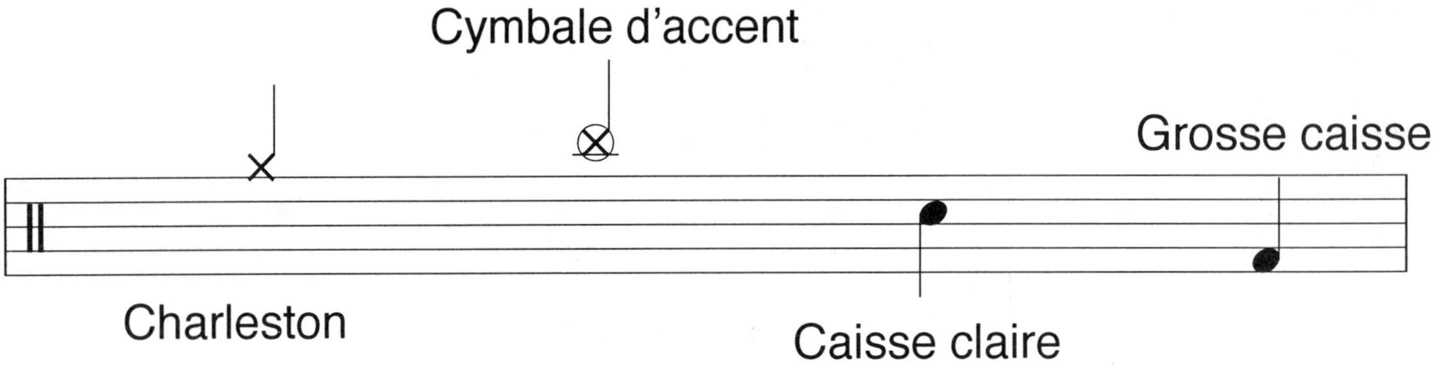

Selon leur position sur la portée, les notes expriment des sons différents. De bas en haut, elles vont du grave à l'aigu. Ici, elles représentent les différents sons d'une batterie, tout comme elles peuvent représenter les différents sons d'un piano.

Les notes peuvent être placées horizontalement seulement, pour indiquer des sons individuels, comme dans l'exemple ci-dessus, ou à la fois verticalement et horizontalement, lorsqu'il faut produire plusieurs sons à la fois.

Voici la base de l'indépendance des membres à la batterie.

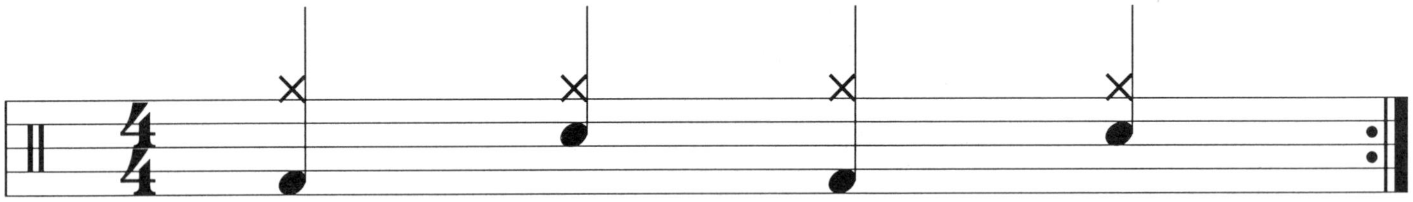

Première Leçon – La batterie

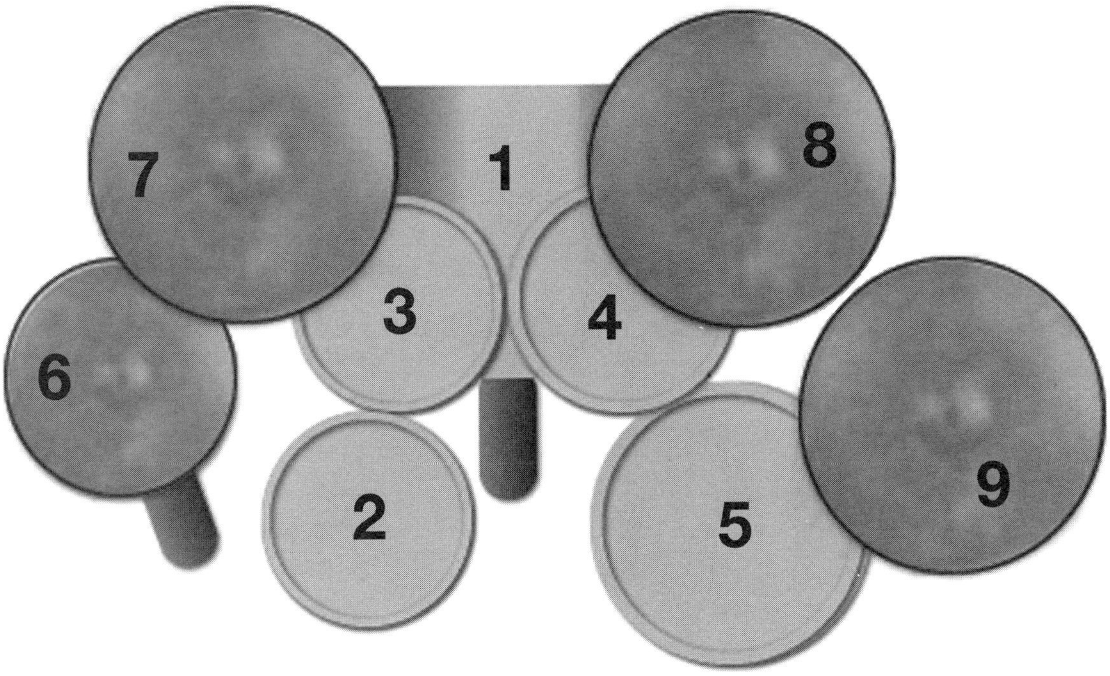

•1. Grosse caisse
•2. Caisse claire
•3. Tom alto
•4. Tom médium
•5. Tom basse
•6. Cymbale charleston
•7. Cymbale d'accent (ou crash)
•8. Cymbale ride (pour marquer le rythme en continu)
•9. Cymbale d'accent

Le dessin ci-dessus illustre la disposition correcte d'une batterie standard de cinq fûts.

Cette première leçon se concentrera seulement sur la caisse claire, la grosse caisse et la charleston. Elle vous apprendra à respecter la mesure et à bien coordonner vos mouvements, choses essentielles avant d'aborder les autres éléments de la batterie.

Première Leçon – Les baguettes

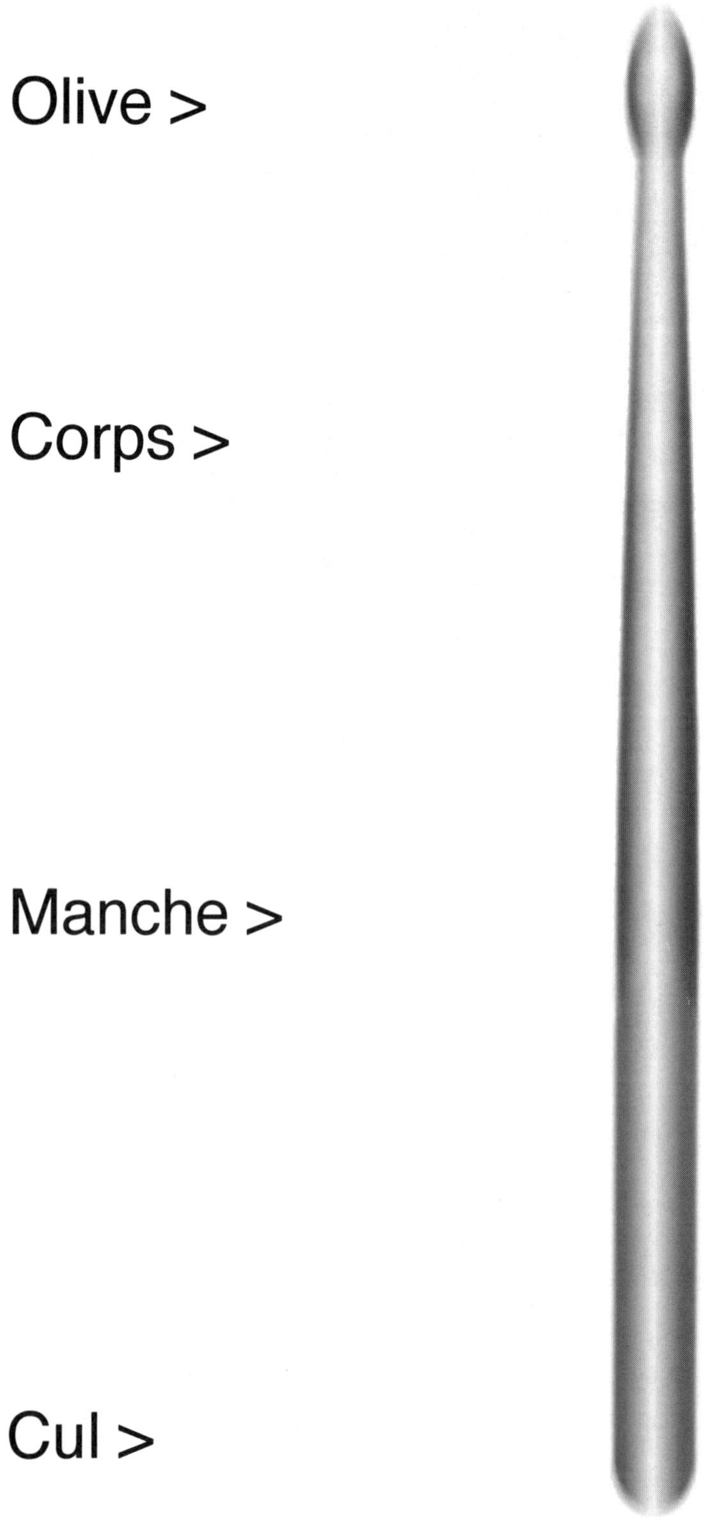

Le choix de baguettes appropriées est très important pour le batteur débutant.

Des baguettes trop lourdes ou trop longues freineront vos progrès et risquent même, dans les cas extrêmes, de provoquer des douleurs.

La plupart des baguettes sont en bois et ce choix s'impose pour le débutant. Les plus populaires sont en hickory (noyer blanc d'Amérique), mais il y a aussi des baguettes en chêne, en érable et en bouleau. J'ai possédé autrefois une paire de baguettes en palissandre, destinées uniquement à l'entraînement. Personnellement je privilégie les baguettes en hickory, une essence flexible mais robuste et plus légère que le chêne. La longueur moyenne d'une baguette est de 40,5 cm.

Les débutants auront du mal à distinguer les différences infimes que présentent les nombreux types de baguettes. Il est généralement conseillé de commencer avec un modèle standard – 5A ou, pour une frappe un peu plus puissante, 5B ou encore 7A (plus courte et plus mince) pour les petites mains. J'utilise exclusivement des baguettes Regal Tip 5A et 8A.

Première Leçon – Tenue des baguettes

Prise timbalier

Pour chaque main: Saisissez la baguette avec le pouce et l'index à environ un tiers de sa longueur. Fermez doucement les autres doigts sur la baguette et tournez la paume vers le bas. Cette prise est ma préférée pour la plupart des morceaux.

Prise tambour

Main droite comme ci-contre, et pour la main gauche: Saisissez la baguette à environ un tiers de sa longueur dans le creux que forme la base du pouce, l'olive vers le bas. Tournez la paume vers le haut et laissez la baguette reposer entre le majeur et l'annulaire. La base du pouce maintient la baguette, les doigts servent seulement à l'équilibrer.

Prise timbalier –
Vue des paumes tournées vers le haut

Prise tambour –
Vue des paumes tournées vers le haut

Première Leçon – Attaque et dynamique

Position relevée

Notez la position de la baguette dans la figure ci-dessus. En commençant avec la main droite, exercez-vous à frapper près du centre de la caisse claire en laissant rebondir la baguette. Laissez-la revenir à sa position de départ en vue de la frappe suivante et, en même temps, frappez la peau avec la baguette gauche.

Frappe

Étude de la dynamique

La position de départ des baguettes varie selon la dynamique voulue – c'est-à-dire le degré de puissance de la frappe.

Pour produire un son de plus en plus fort en tapant des mains, il faut les écarter de plus en plus. Il en va de même pour les baguettes – plus celles-ci s'éloignent de la peau, plus le son gagne en puissance, et vice-versa. Il faut varier la dynamique par la distance plutôt que les muscles.

Avec un peu de travail, vous arriverez facilement à maîtriser la dynamique et les accents.

figure A

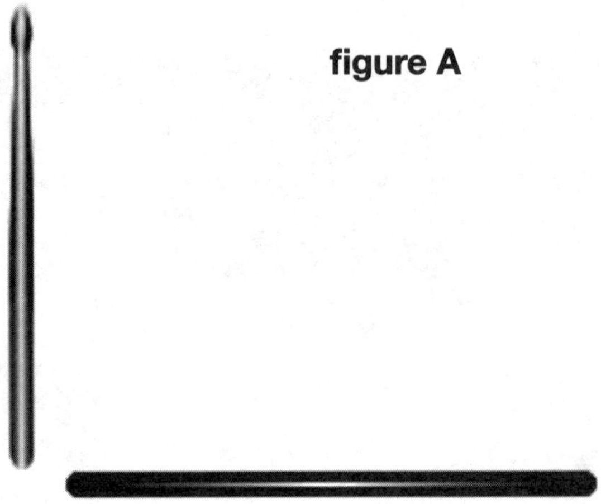

Point de départ pour une frappe puissante

figure B

Point de départ pour une frappe moyenne

figure C

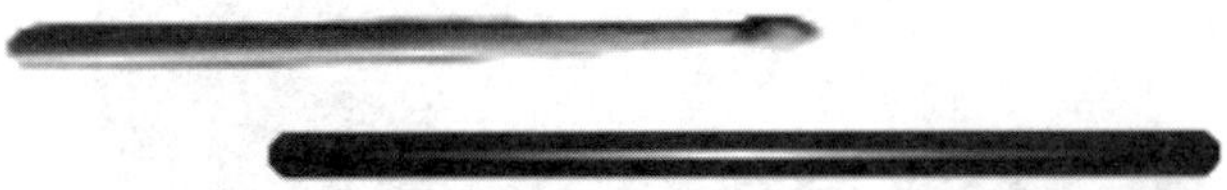

Point de départ pour une frappe douce

Première Leçon – Valeurs des notes

La ronde dure 4 temps

La blanche dure 2 temps

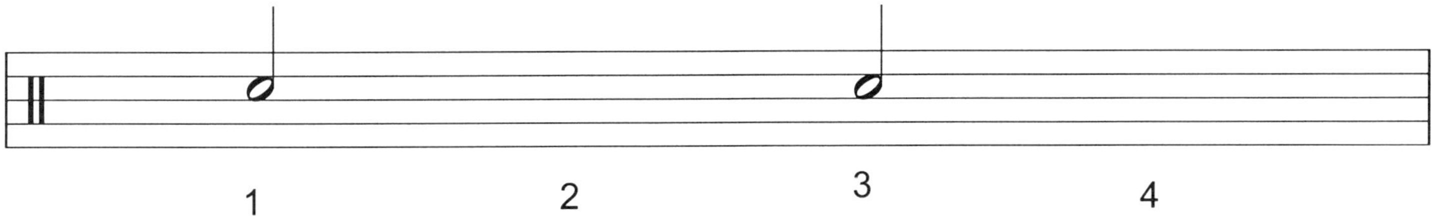

La noire dure 1 temps

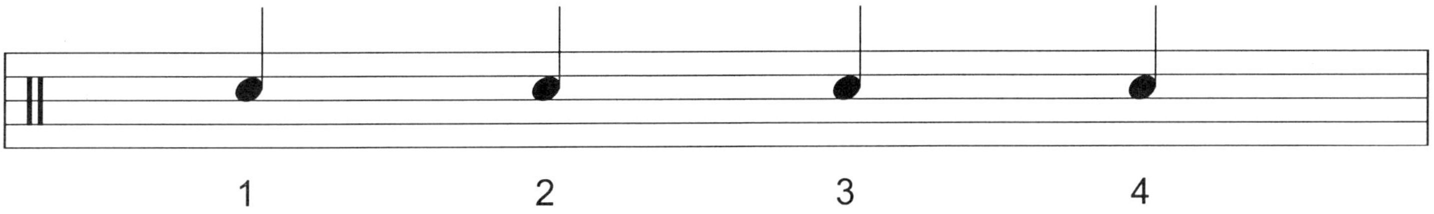

La croche dure ½ temps

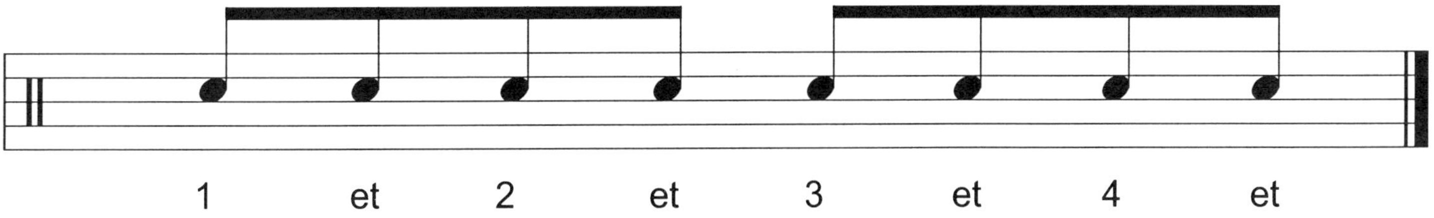

Première Leçon – Étude de la caisse claire

Piste n° 2

Noires et soupirs à la caisse claire

1

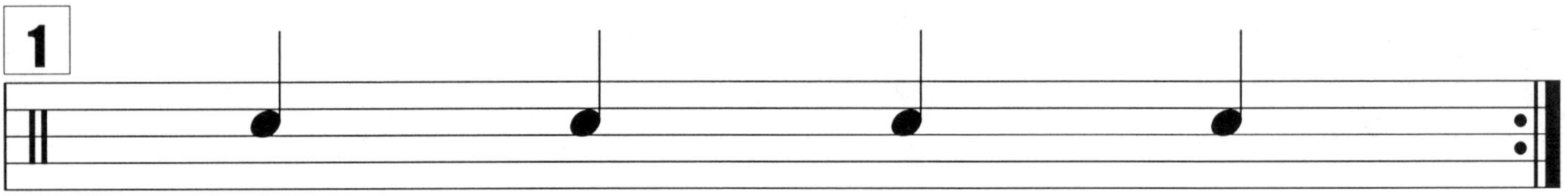

Comptez 1 2 3 4

D G D G

Combinaisons de noires et de soupirs

2

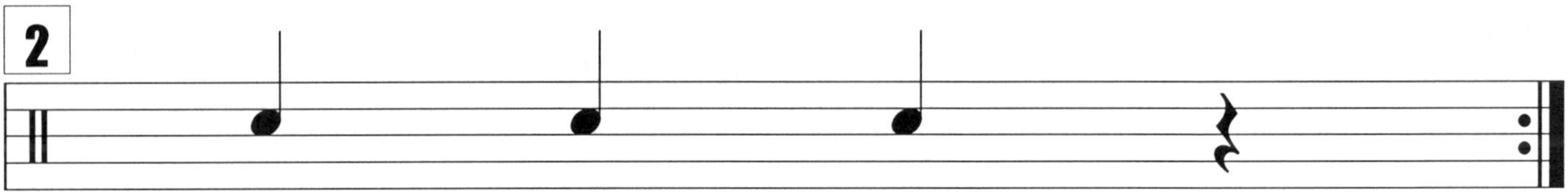

1 2 3 4

D G D

3

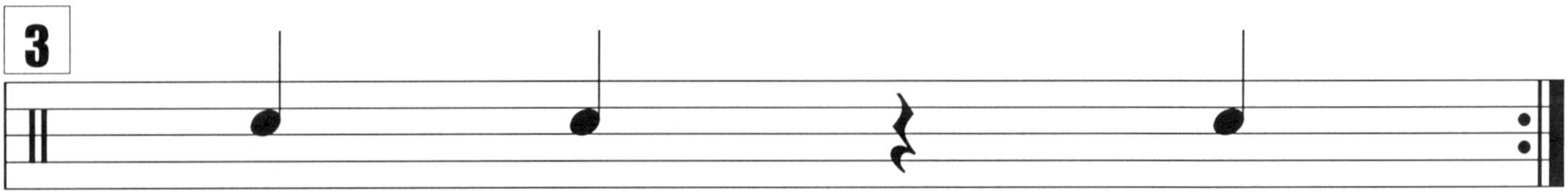

1 2 3 4

D G G

4

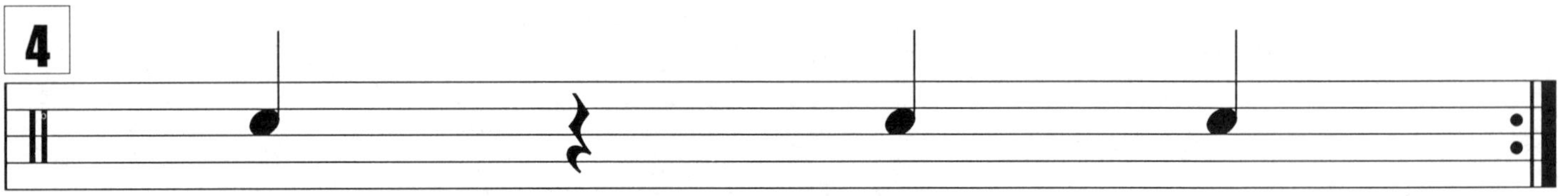

1 2 3 4

D D G

Première Leçon – Étude de la caisse claire

Piste n° 3

5

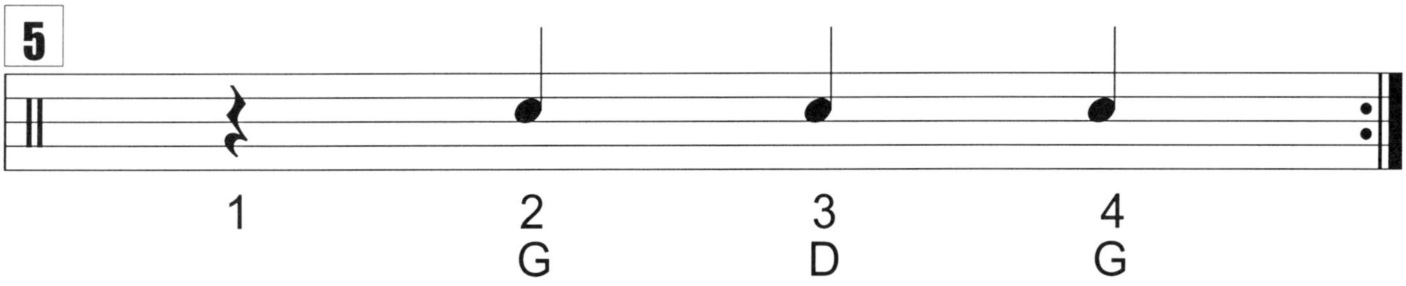

6

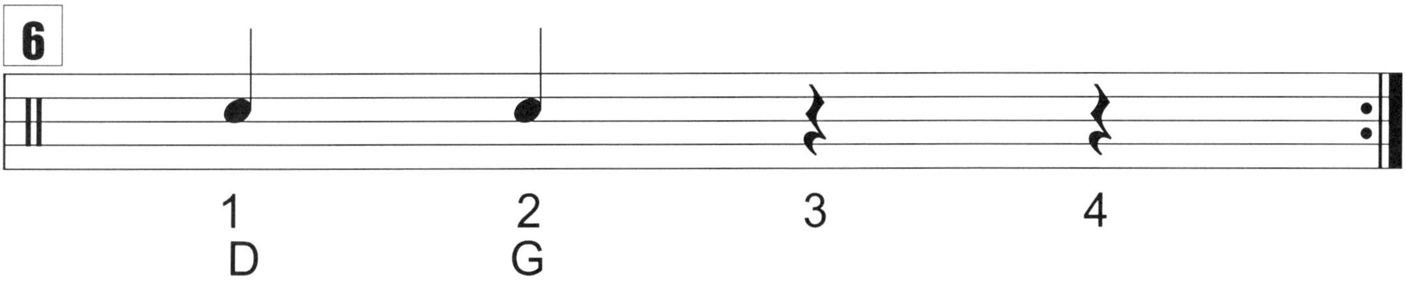

7

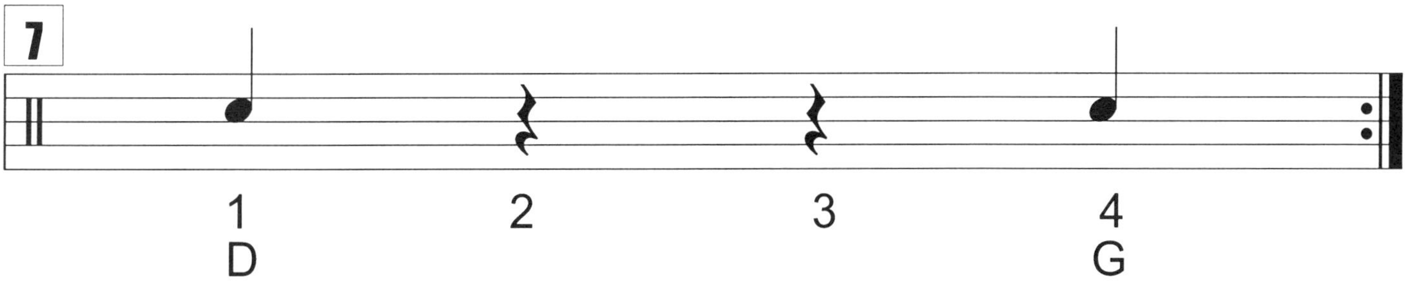

8

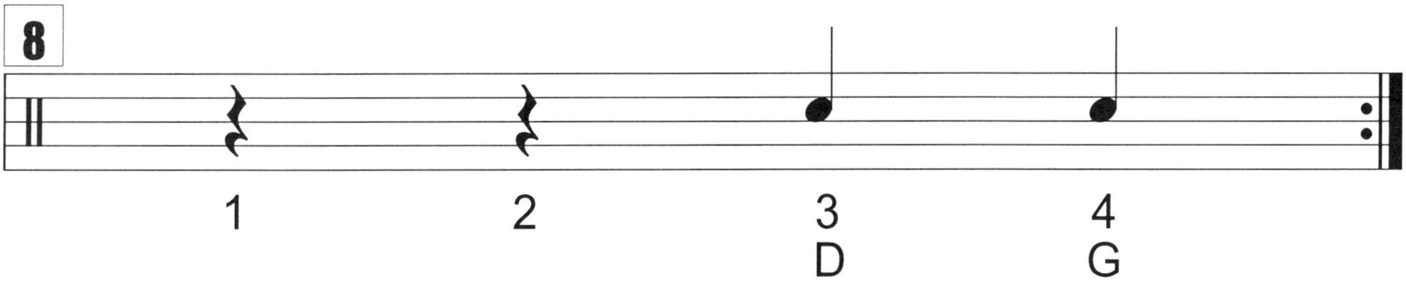

Première Leçon – Étude de la caisse claire

Piste n° 4

9

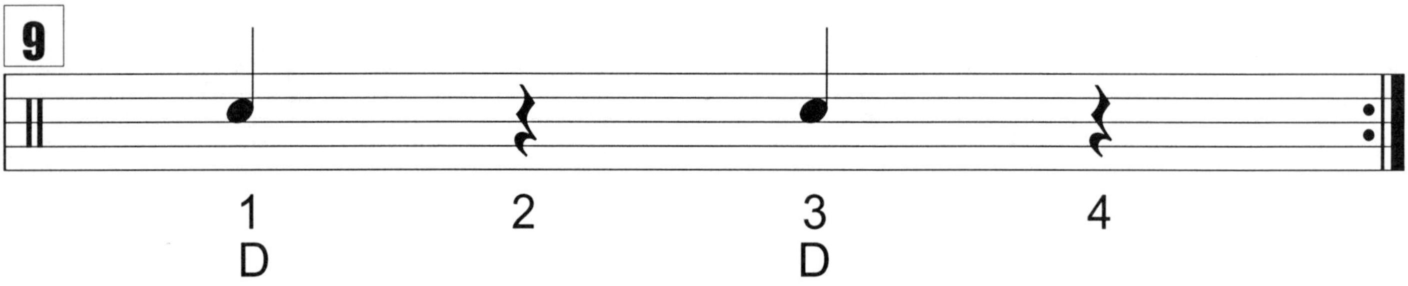

10

11

12

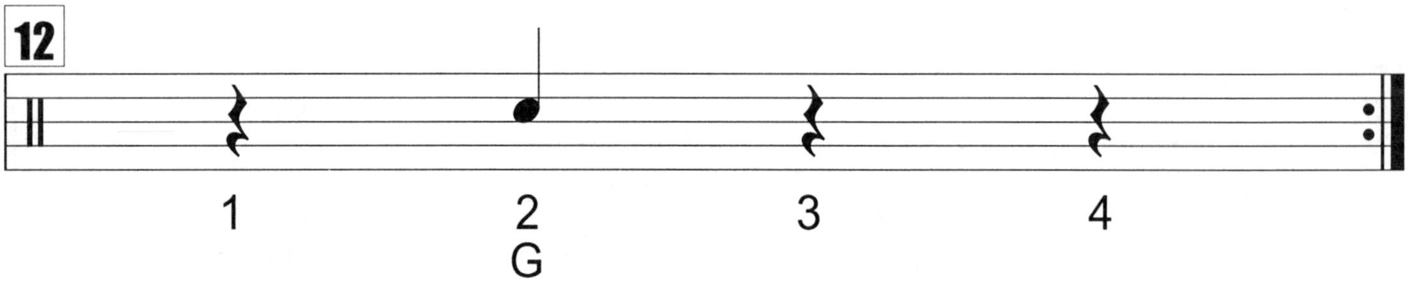

Première Leçon – Batterie

Piste n° 5

La syncope

Voici des exercices composés de quatre mesures de noires et de soupirs. Notez qu'en ajoutant des silences et en employant des phrases plus longues, le jeu devient plus musical.

1

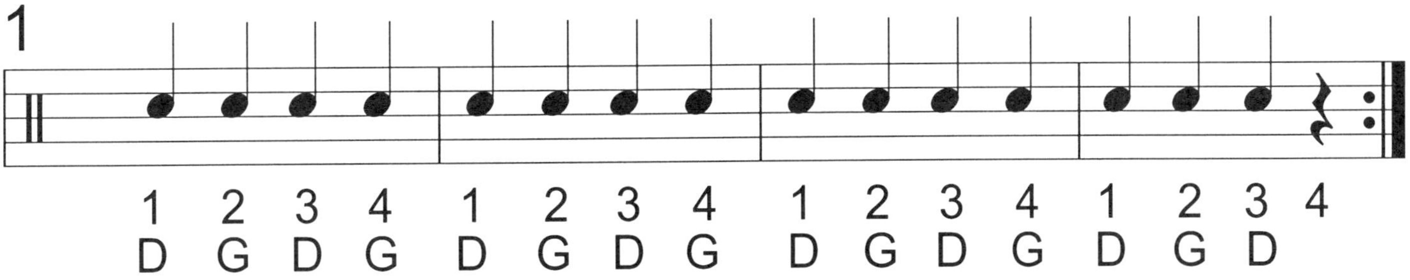

2

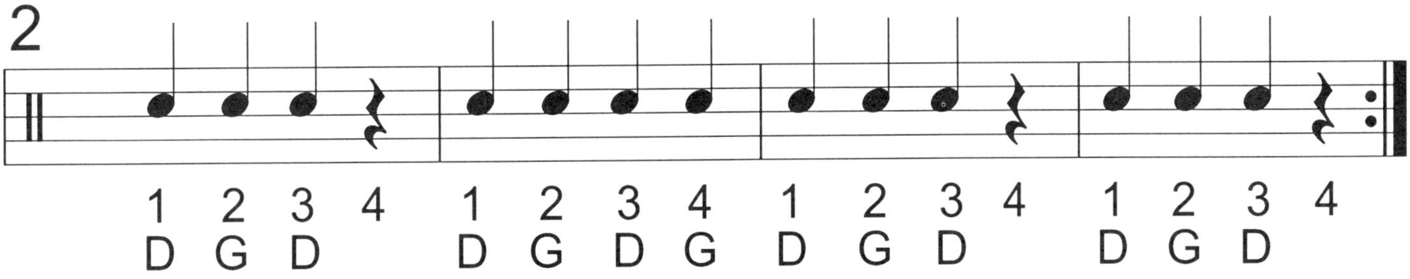

3

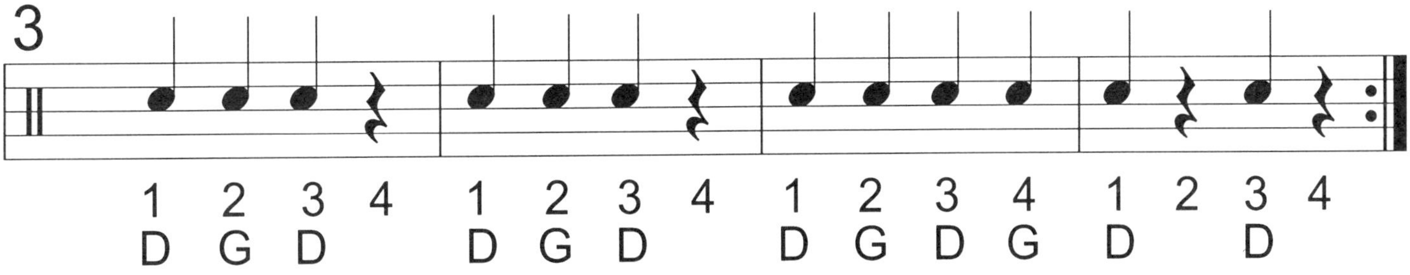

4

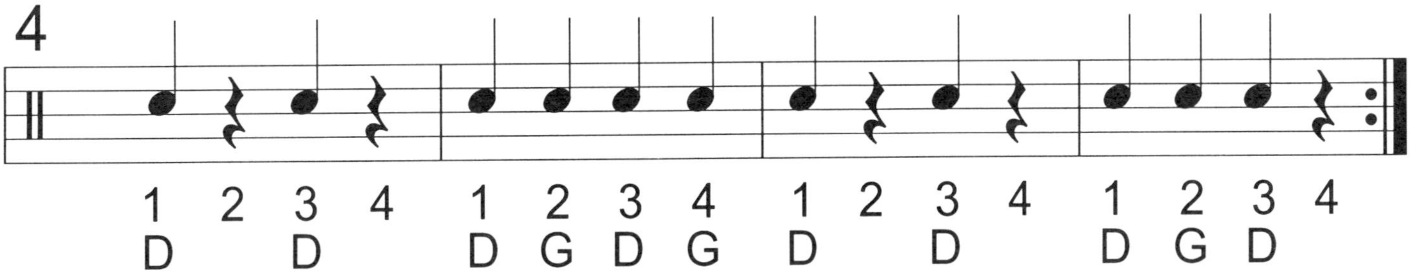

Première Leçon – Batterie

Emploi de la grosse caisse

Piste n° 6

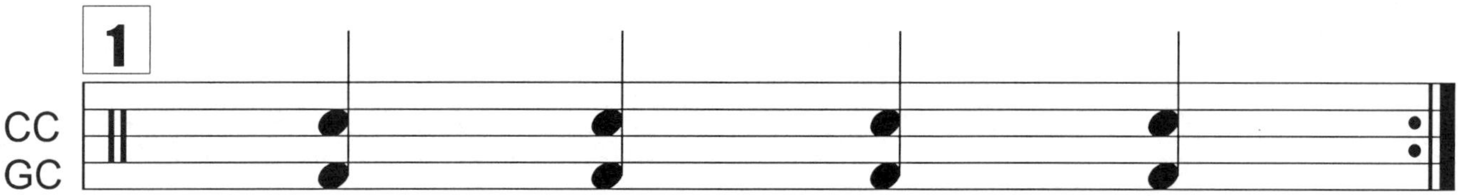

Comptez 1 2 3 4
D G D G

Maintenant que vous avez étudié les noires et les soupirs à la caisse claire, nous allons pimenter un peu les choses en ajoutant la grosse caisse.

L'exercice ci-dessus peut être décomposé si vous avez du mal, au début, à l'exécuter tel qu'il est écrit.

Essayez d'abord de frapper la caisse claire de la main droite tout en actionnant la pédale de la grosse caisse (exemple 2).

Puis frappez la caisse claire de la main gauche tout en actionnant la pédale de la grosse caisse (exemple 3).

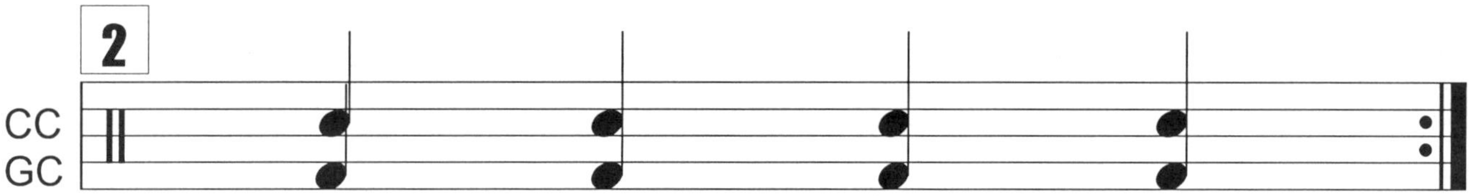

1 2 3 4
D D D D

Comptez à haute voix pendant ces exercices.

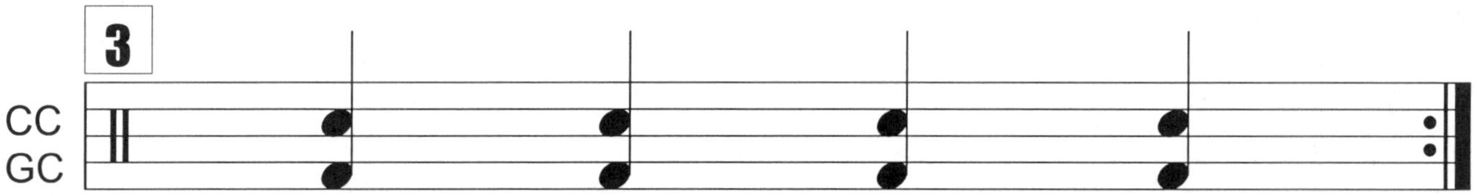

1 2 3 4
G G G G

Une fois que vous aurez maîtrisé les exercices 2 et 3, faites l'exercice 1 et travaillez-le avec les pistes de métronome du CD. Si vous arrivez à jouer facilement cet exercice tout en respectant les battements du métronome, vous pouvez passer aux pages suivantes.

Première Leçon – Batterie

Emploi de la grosse caisse

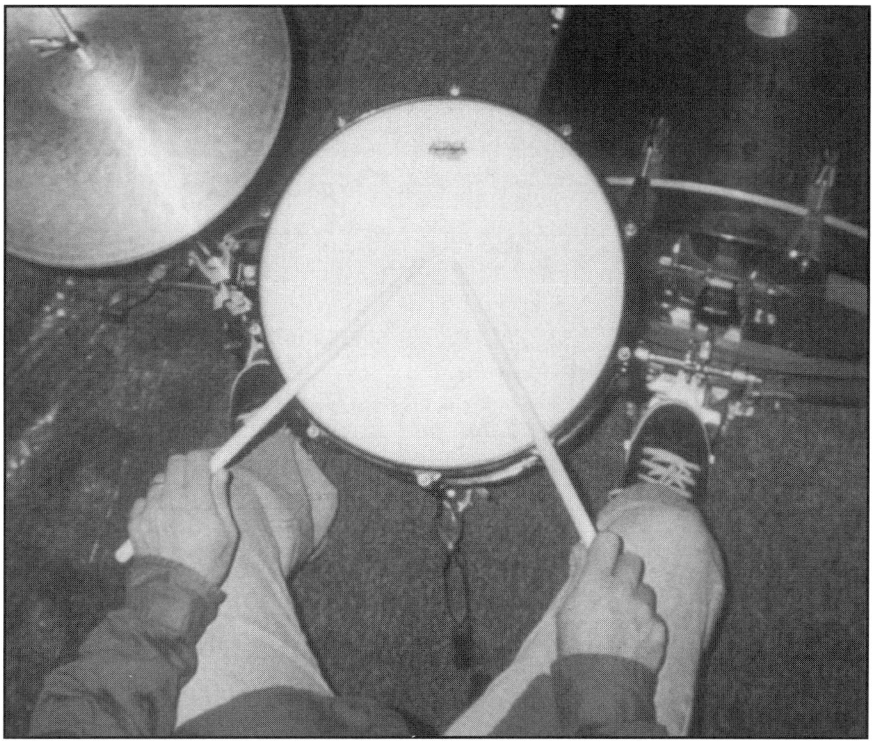

Piste n° 7

Position de jeu

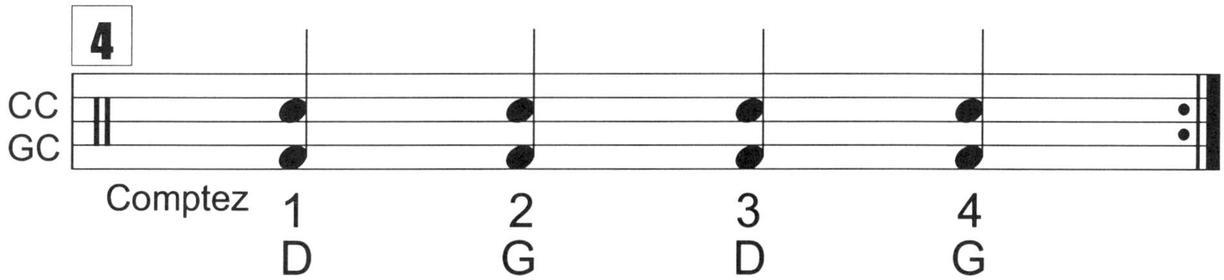

Première Leçon – Batterie

Emploi de la grosse caisse et de silences

Piste n° 8

5

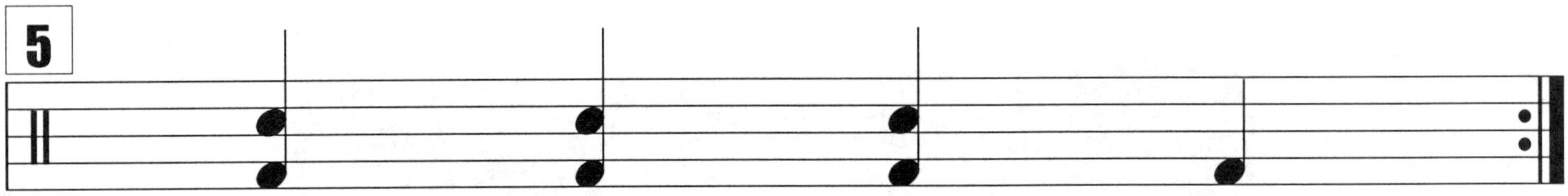

1 2 3 4
D G D

6

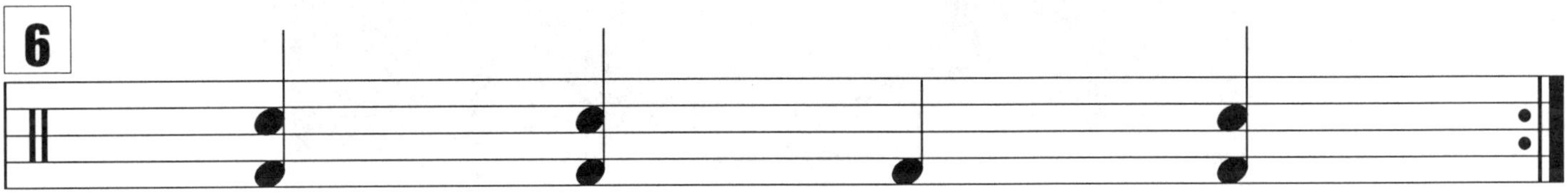

1 2 3 4
D G G

7

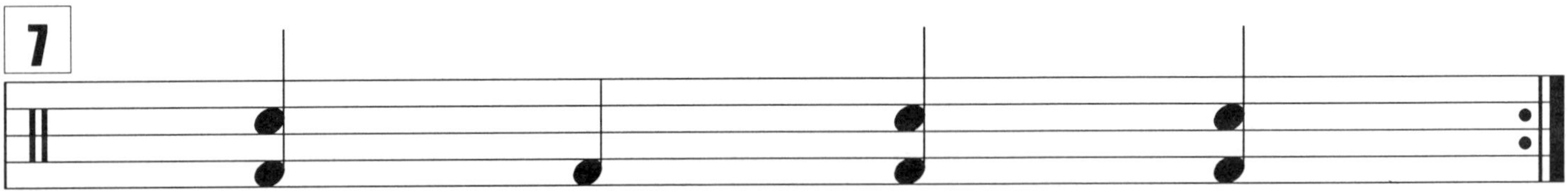

1 2 3 4
D D G

8

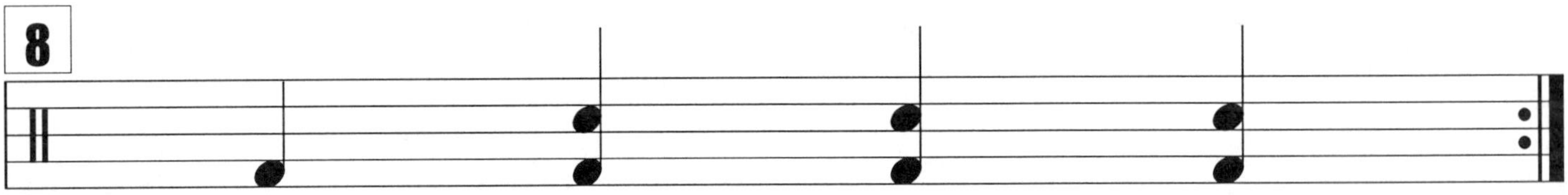

1 2 3 4
G D G

Première Leçon – Batterie

Piste n° 9

9

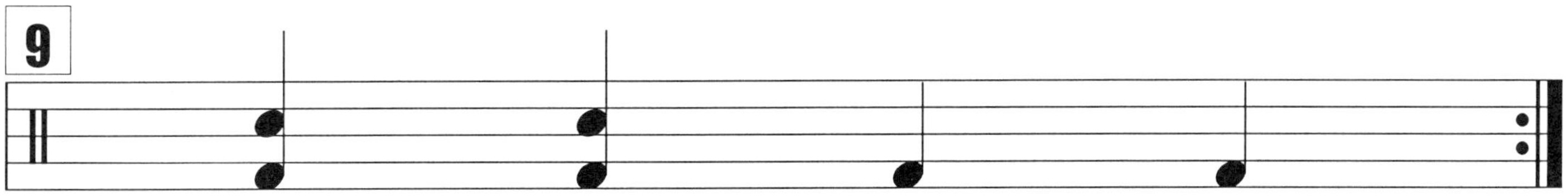

1 2 3 4
D G

10

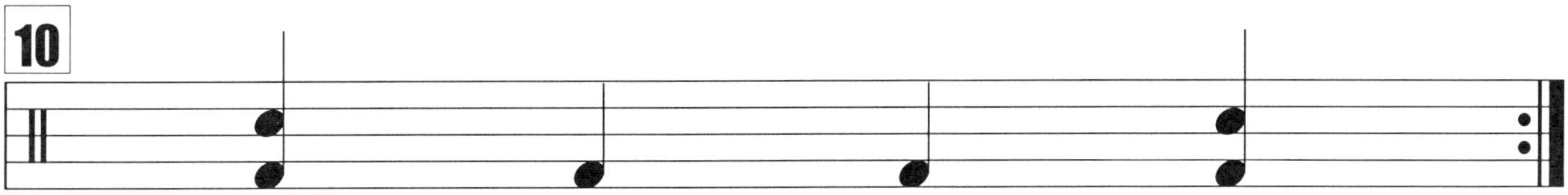

1 2 3 4
D G

11

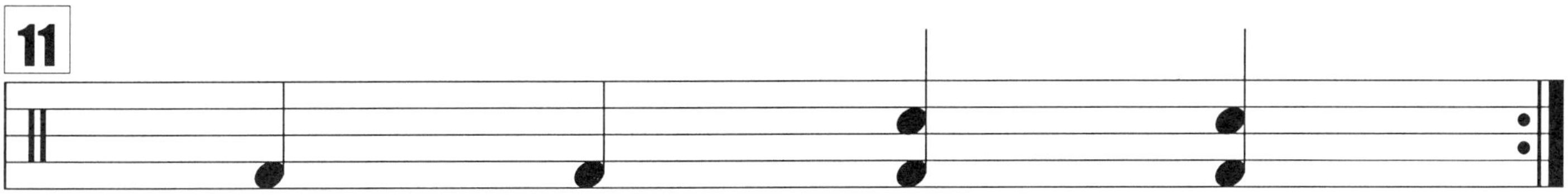

1 2 3 4
D G

12

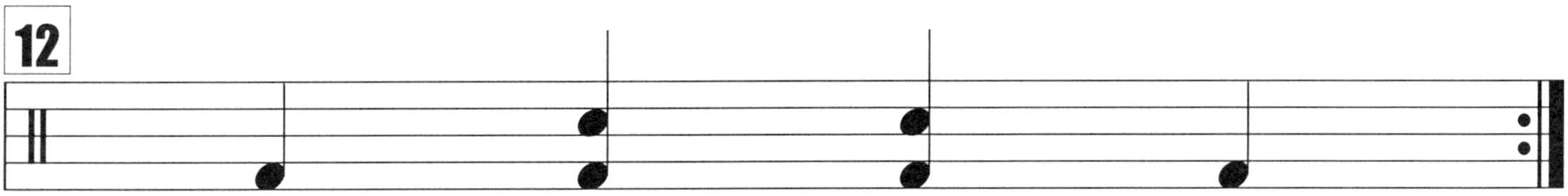

1 2 3 4
D G D G

Première Leçon – Batterie

Piste n° 10

13

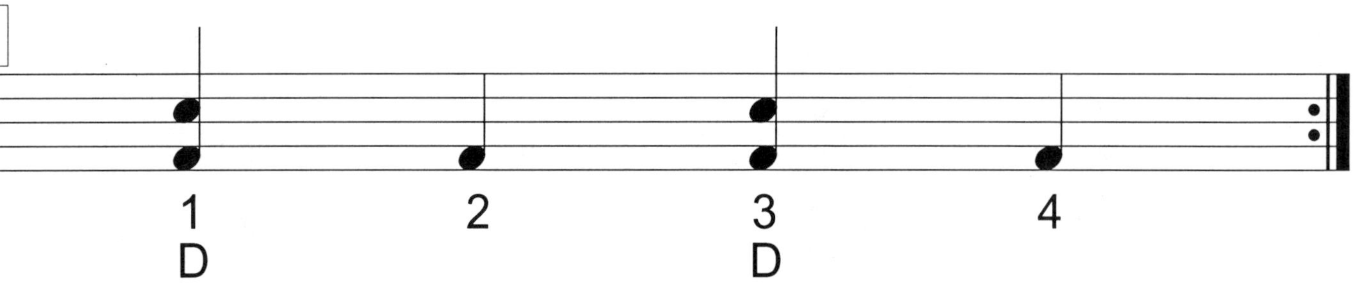

14

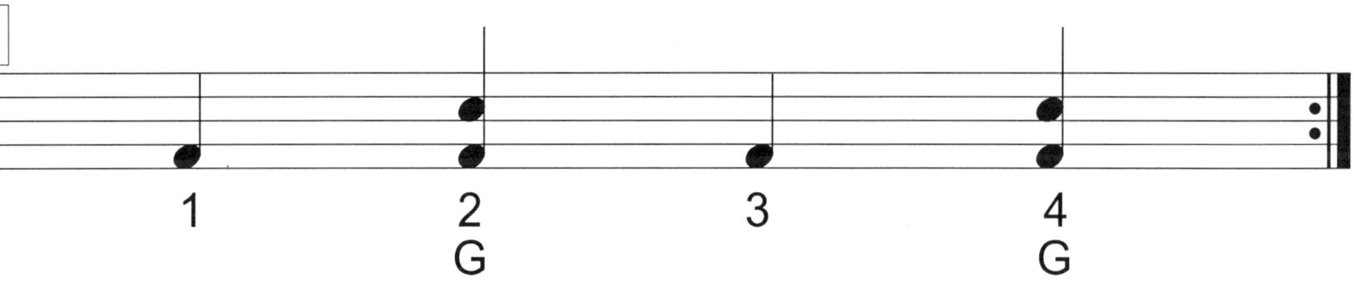

15

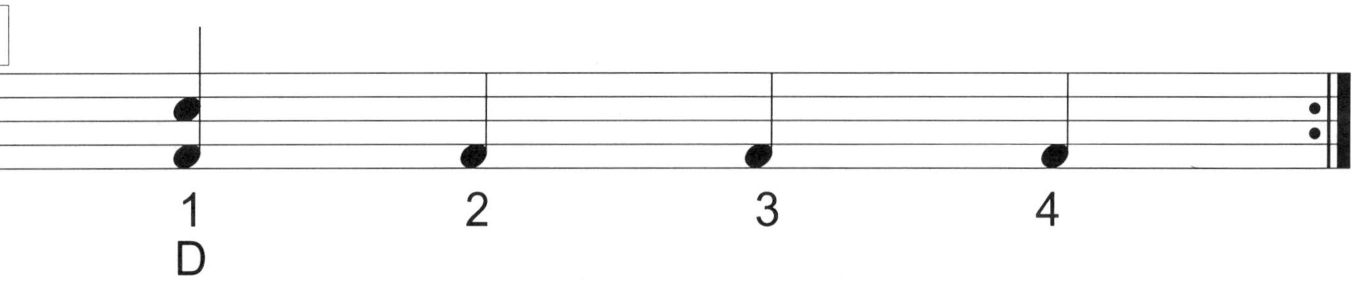

16

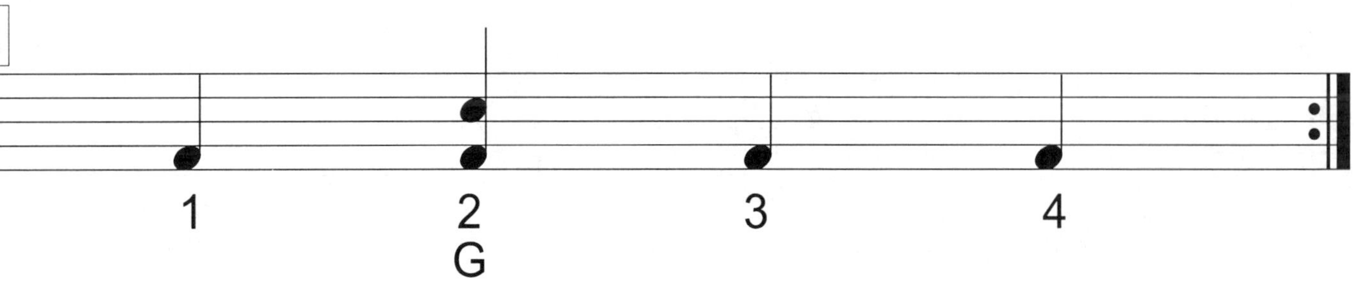

Première Leçon – Batterie

Emploi de la cymbale charleston

Piste n° 11

Position de jeu

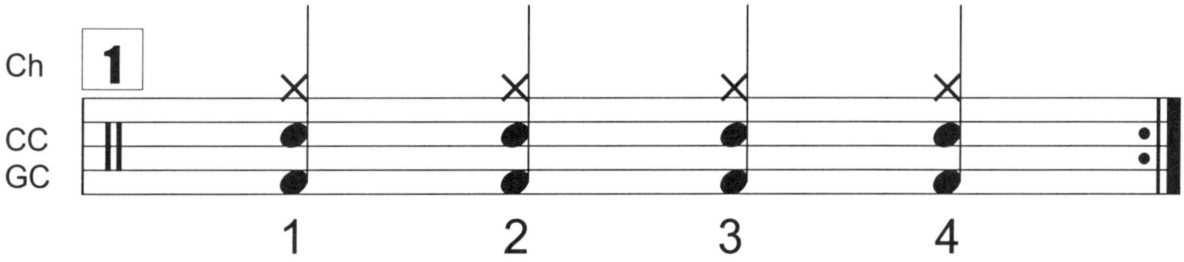

Première Leçon – Batterie

Piste n° 12

2

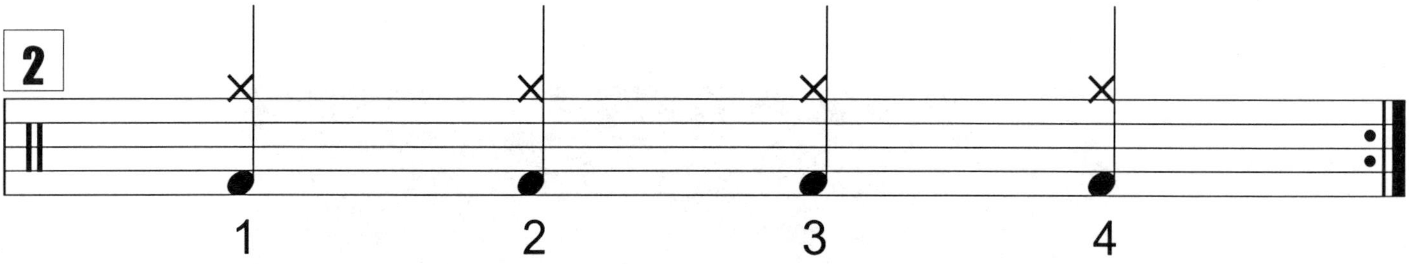

3

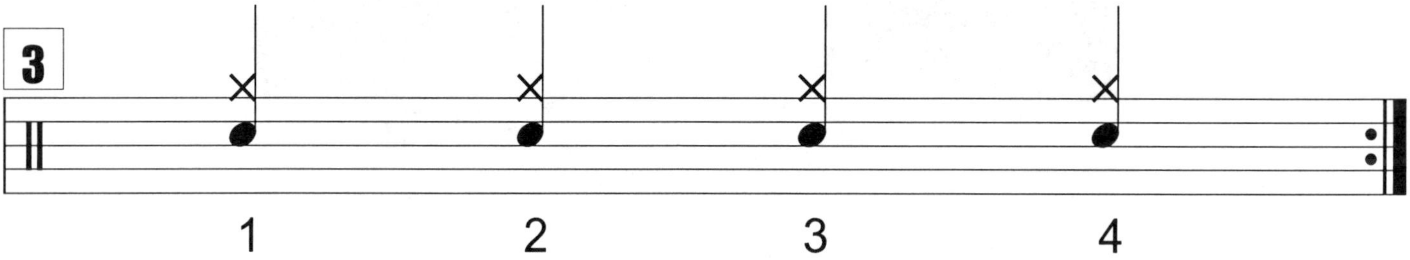

4

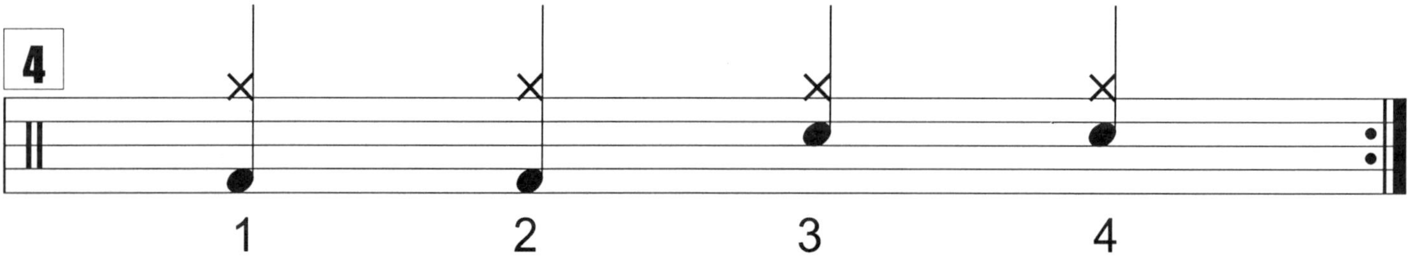

5

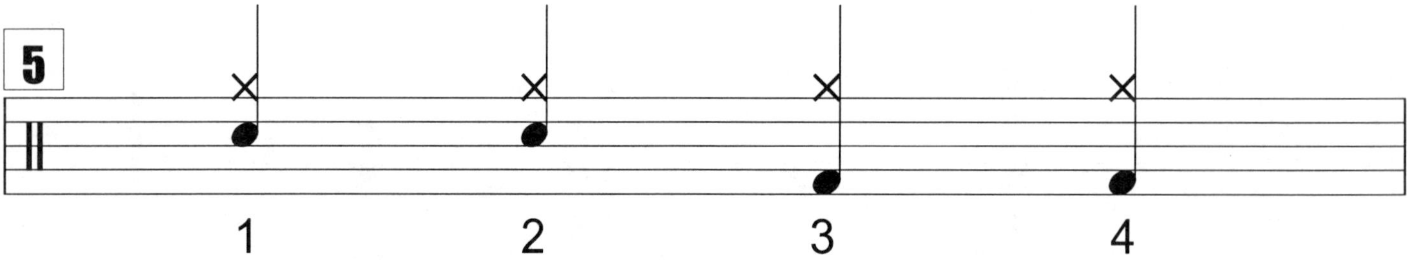

Première Leçon – Batterie

Piste n° 13

6

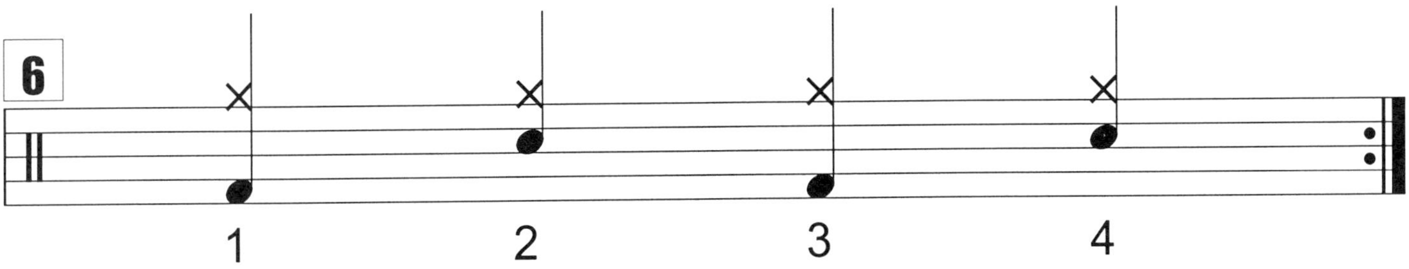

7

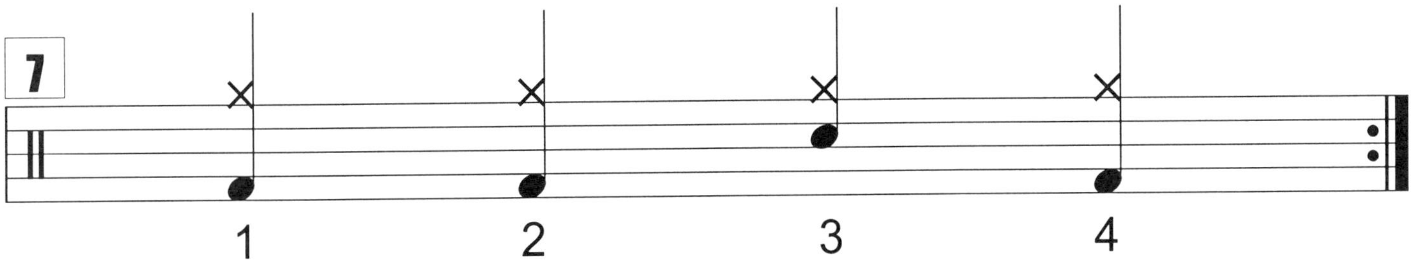

8

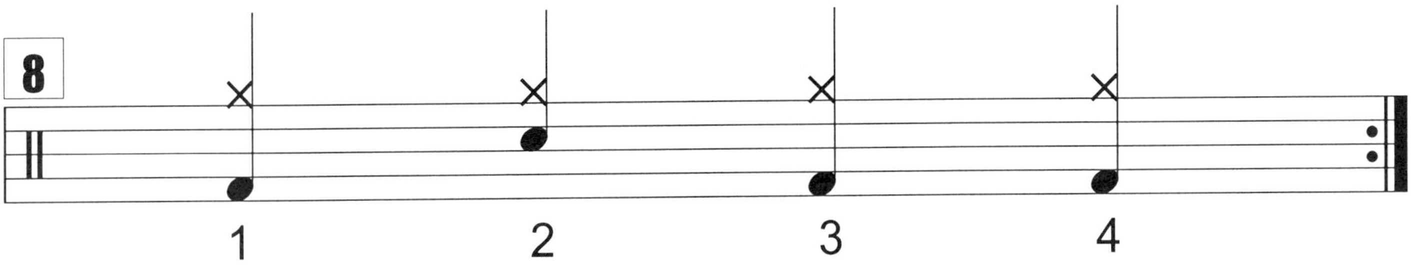

9

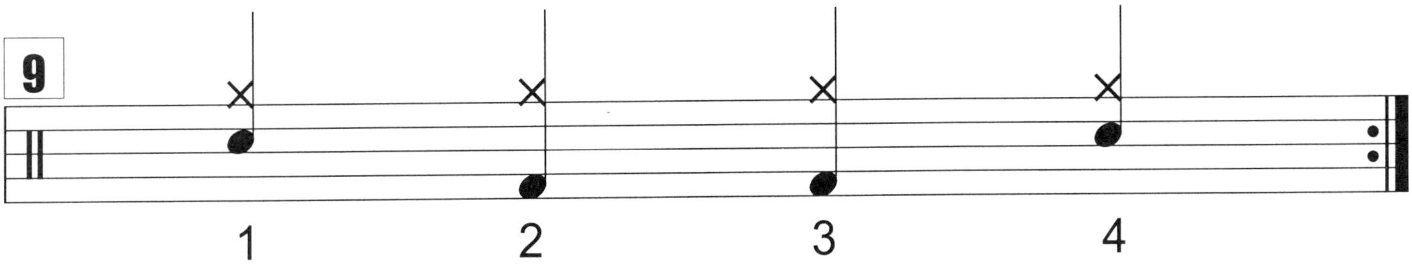

Première Leçon – Batterie

Piste n° 14

10

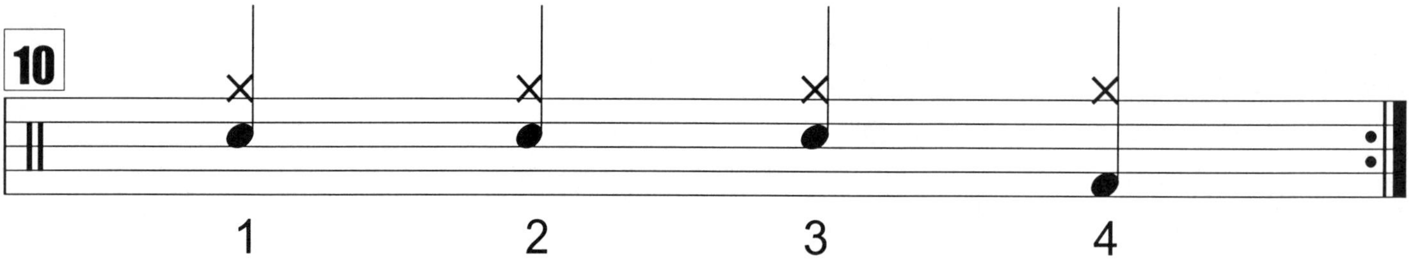

11

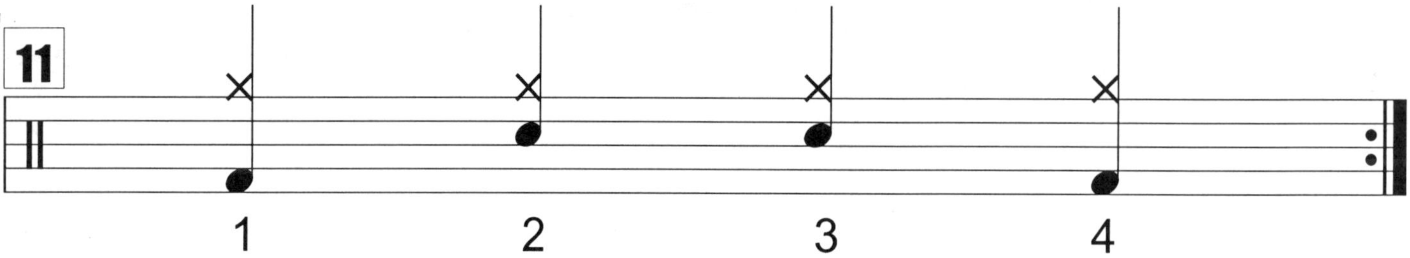

12

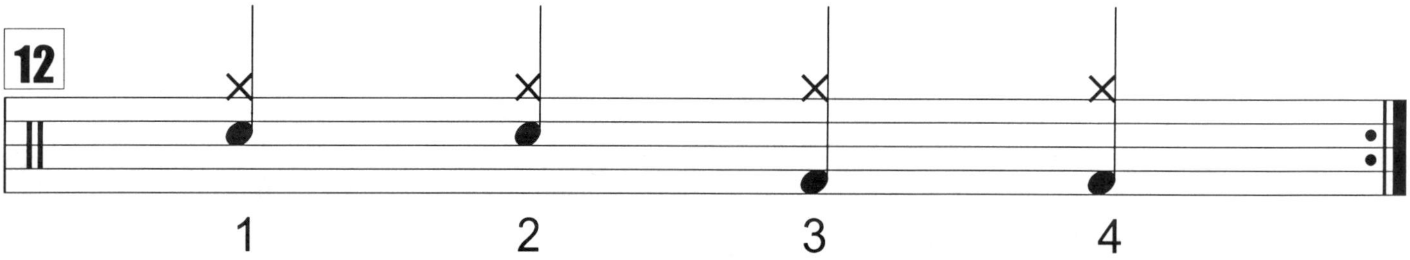

13

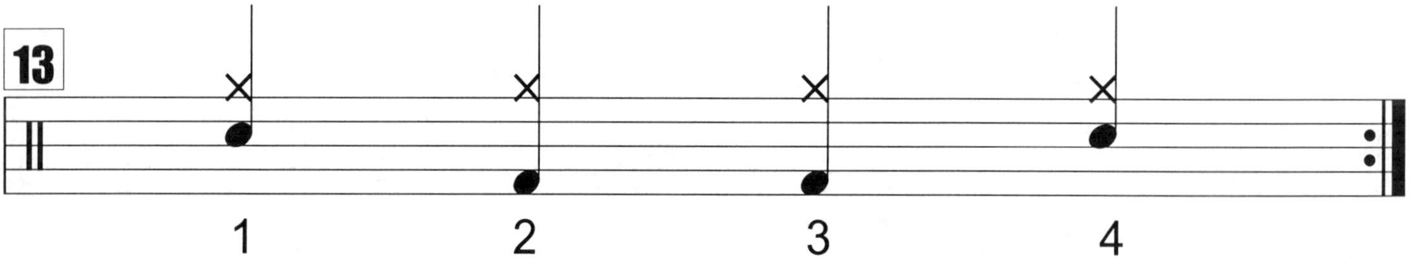

Première Leçon – Batterie

Piste n° 15

14

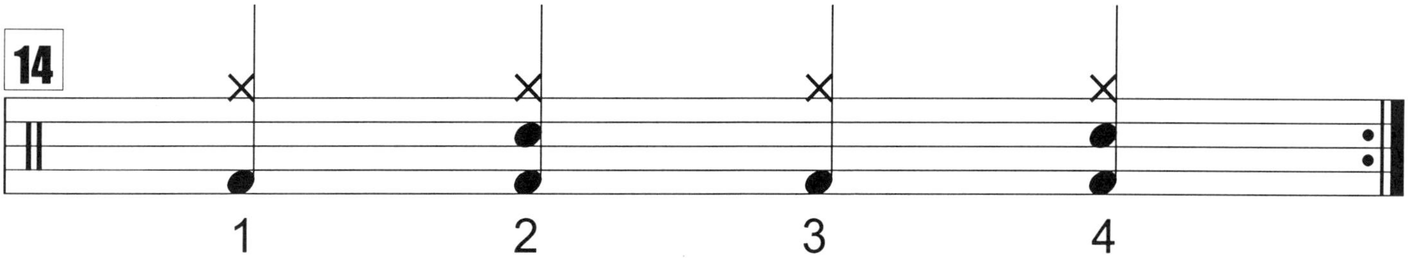

15

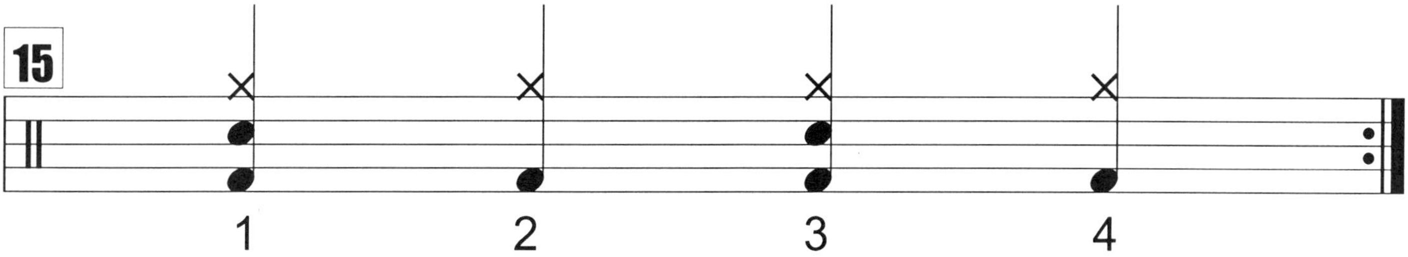

16

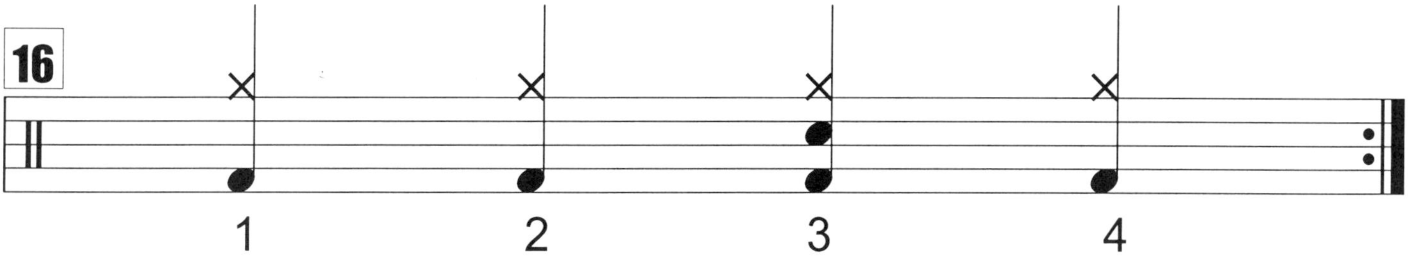

17

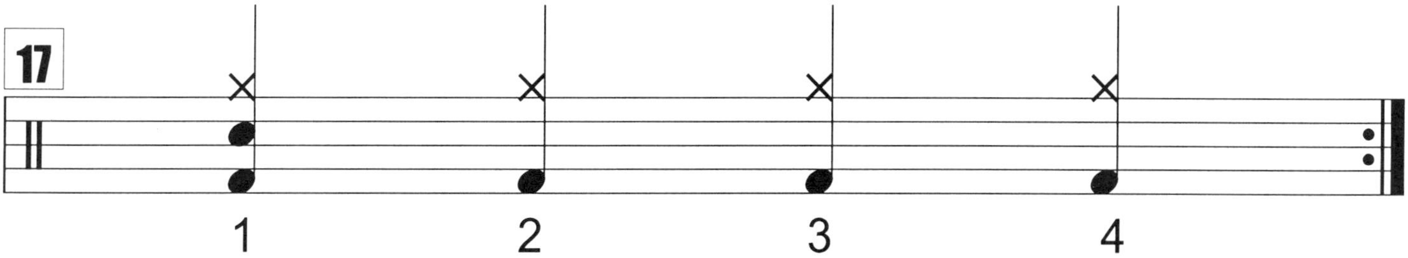

Première Leçon – Batterie

Exercices de frappe sur quatre mesures

Piste n° 16

Morceau de play-back

1

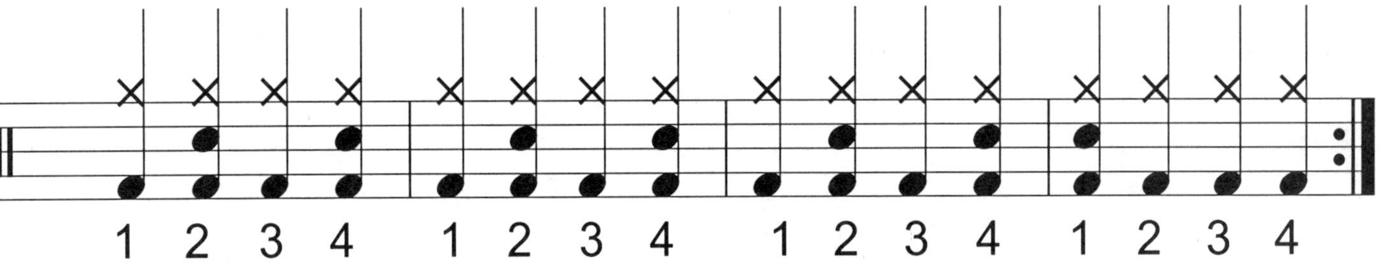

2

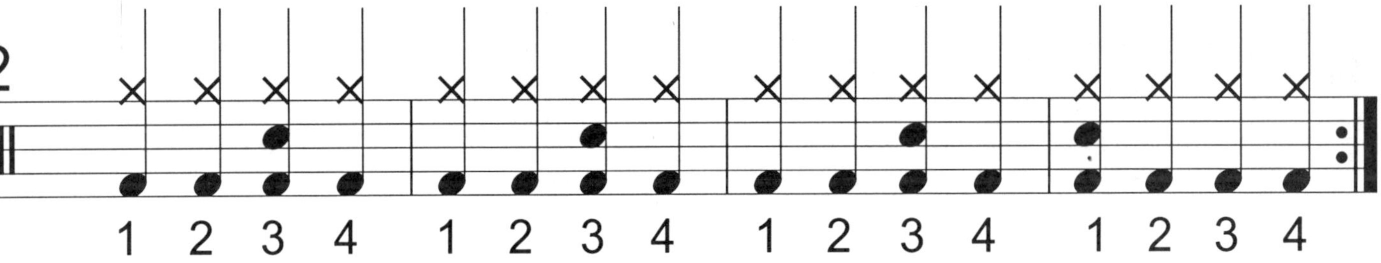

3

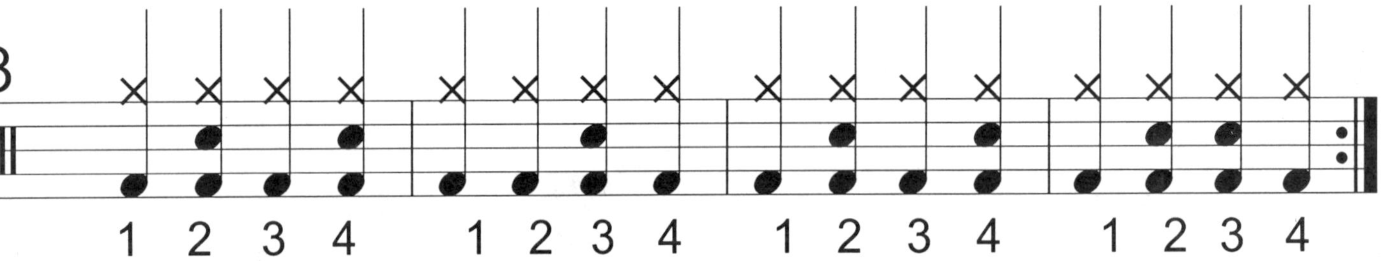

4

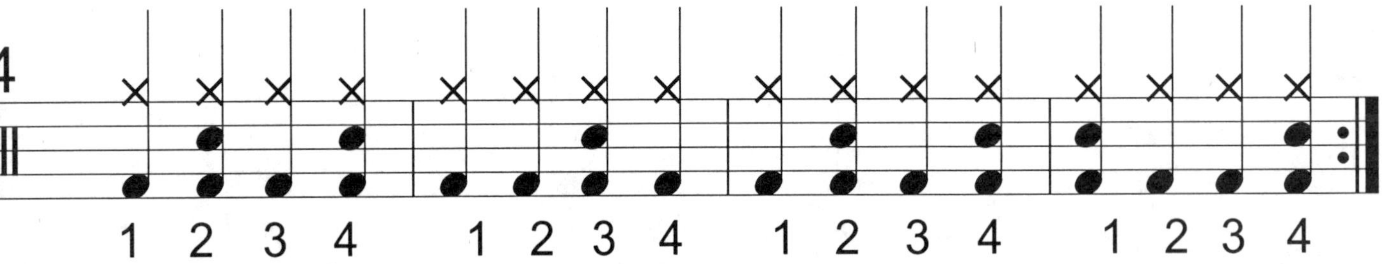

Première Leçon – Batterie

Exercices de frappe sur quatre mesures avec cymbale d'accent

Piste n° 17

Morceau de play-back

1

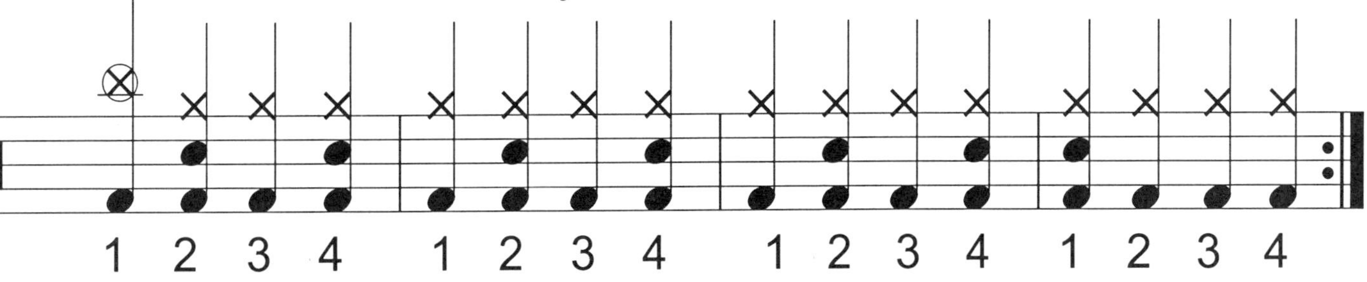

2

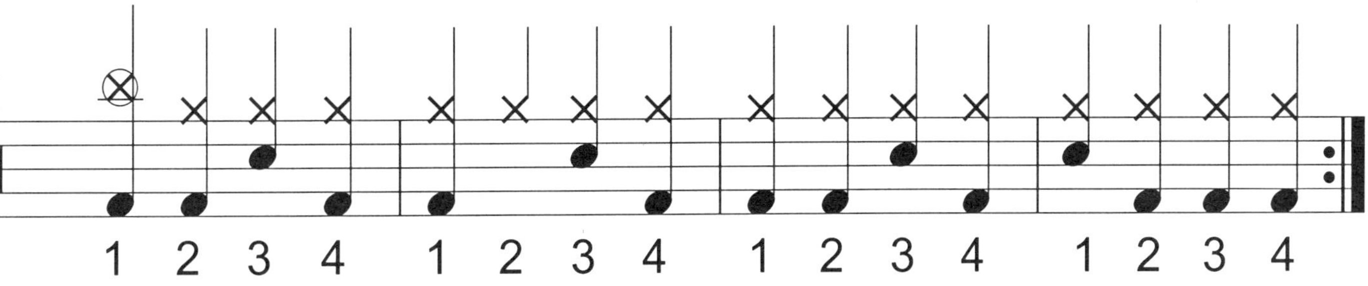

3

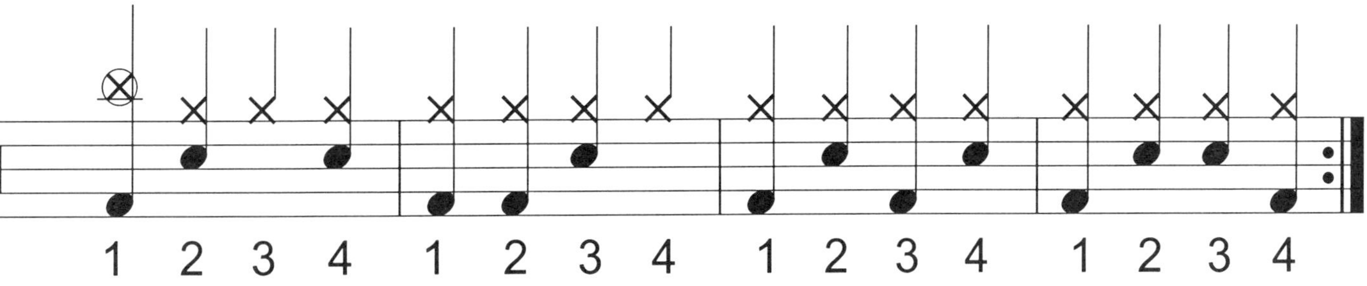

4

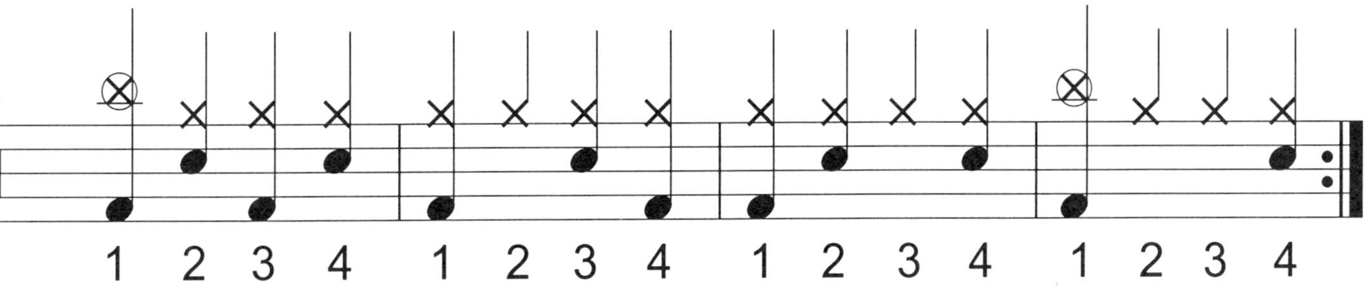

Première Leçon – Glossaire

NOTE : Signe qui représente la durée d'un son.
SILENCE : Signe qui indique l'interruption du son.
Chaque figure de note a une durée correspondante à celle d'une figure de silence.

Ronde | Pause | Blanche | Demi-pause

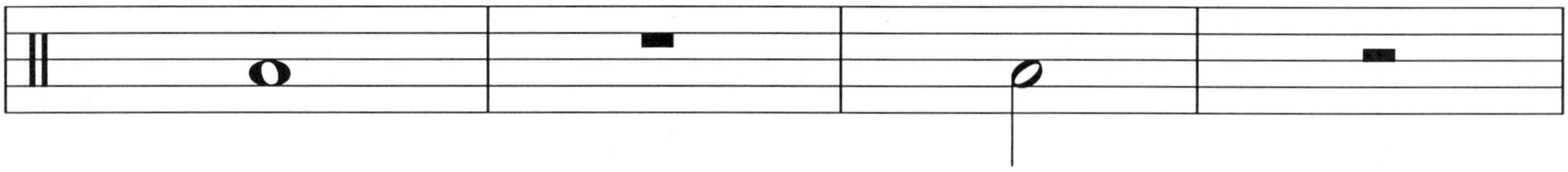

Noire | Soupir | Croche | Demi-soupir

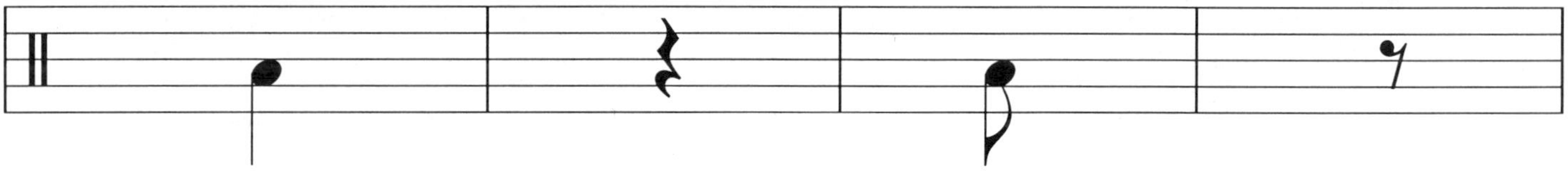

Double croche | Quart de soupir | Triple croche | Huitième de soupir

LE POINT

Un point placé après une note ou un silence augmente la valeur de cette note ou de ce silence de la moitié de sa durée primitive.
La durée "d'une" croche pointée, par exemple, est égale à une croche et une double croche.

Croche pointée | Demi-soupir pointé

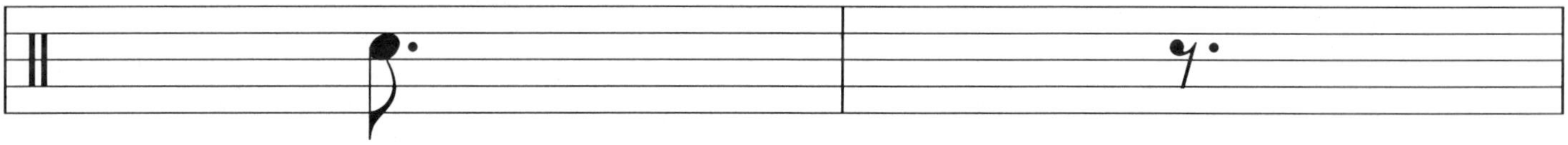

LE DOUBLE POINT

Le double point placé après une note ou un silence augmente la valeur de cette note ou de ce silence des trois quarts de sa durée primitive.
La durée "d'une" noire doublement pointée, par exemple, est égale à une noire et trois double croches.

Noire doublement pointée | Soupir doublement pointé

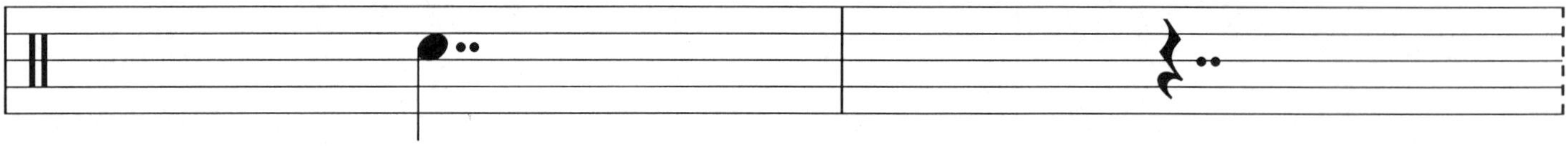

Première Leçon – Glossaire

POINT D'ORGUE
Placé au-dessus d'une note, ce signe indique que la durée de cette note doit être prolongée au-delà de sa durée primitive.

ACCENTUATION
Placé au-dessus d'une note, ce signe indique qu'elle doit être jouée plus fort.

LIAISON
Ligne courbe unissant deux notes de même son. La seconde note n'est pas jouée, sa durée est ajoutée à celle de la première note.

MESURE
Le chiffre du haut indique le nombre de temps dans chaque mesure, celui du bas la valeur de note assignée à chaque temps.

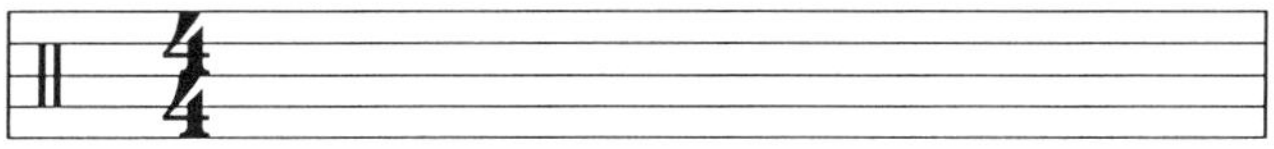

C
Ce symbole est une autre manière d'indiquer la mesure à 4 temps.

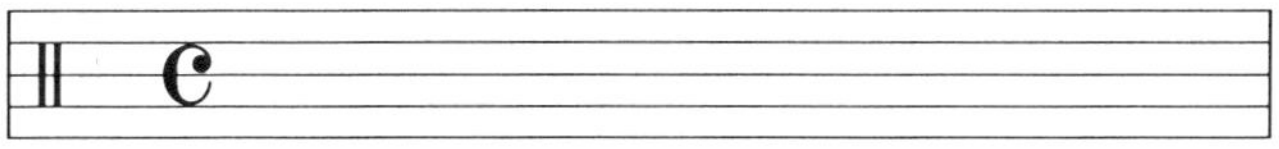

C BARRÉ
Ce symbole indique un tempo double. Une noire, par exemple, prend la valeur d'une blanche.

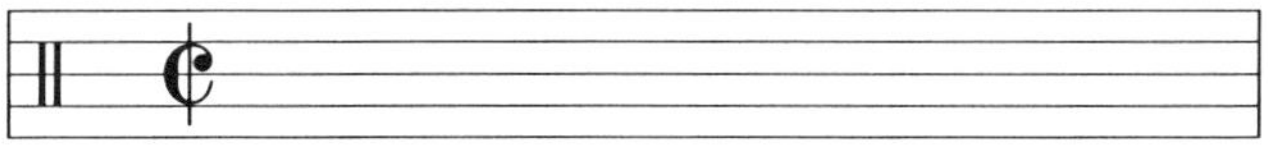

SIMILE
Continuez à jouer dans le même style.

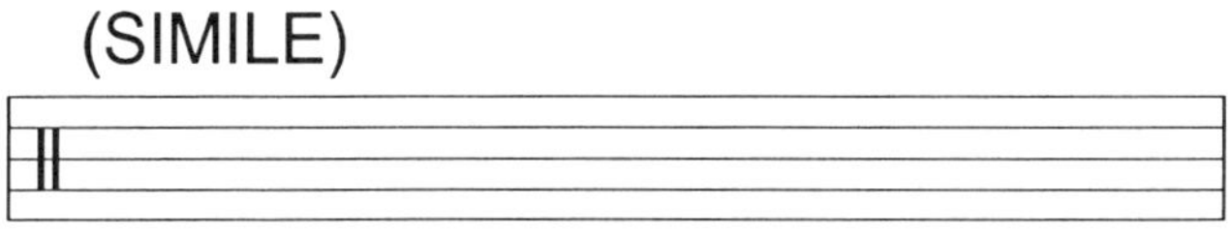

SILENCE DE PLUSIEURS MESURES
Lorsqu'il y a un grand nombre de mesures de silence, on place sur la portée ce signe surmonté du chiffre indiquant le nombre de mesures de silence.

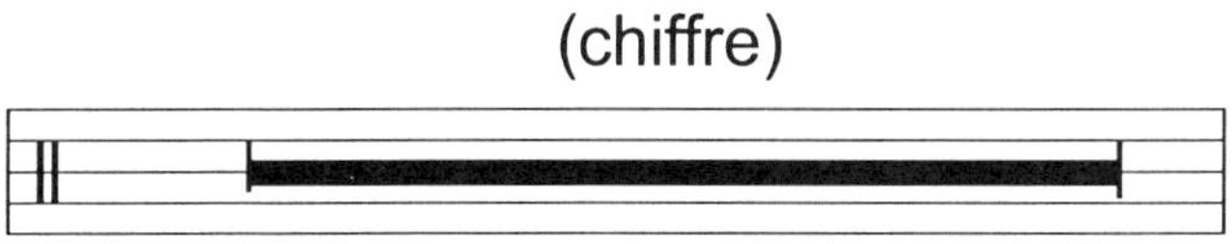

Première Leçon – Glossaire

CRESCENDO
Indique qu'il faut jouer de plus en plus fort.

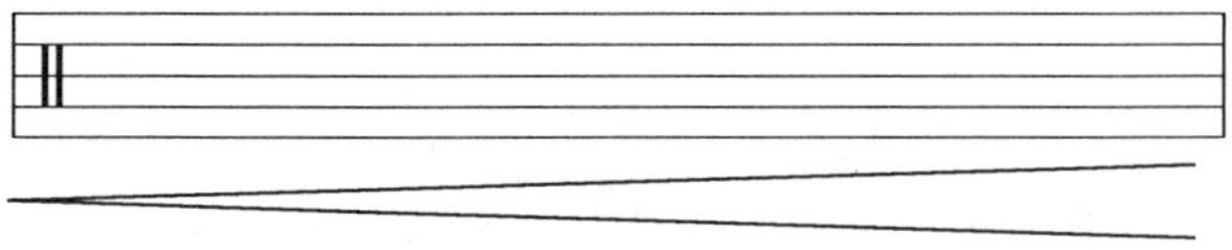

DECRESCENDO
Indique qu'il faut jouer de moins en moins fort.

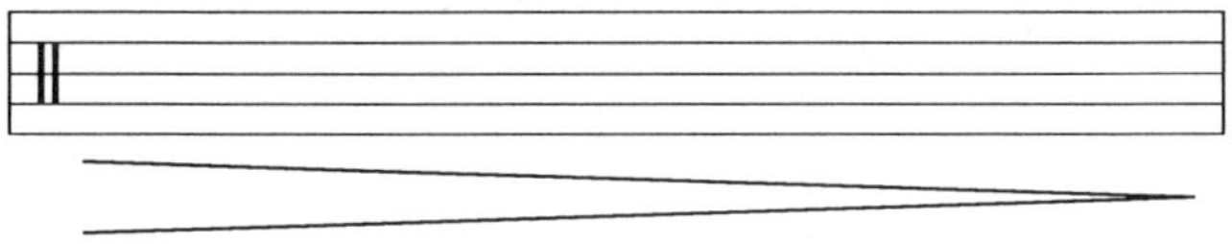

DAL SEGNO (ou Dal S., ou D.S.) 𝄋
Signifie "du signe" en italien. Indique la reprise du morceau à partir du signe convenu.

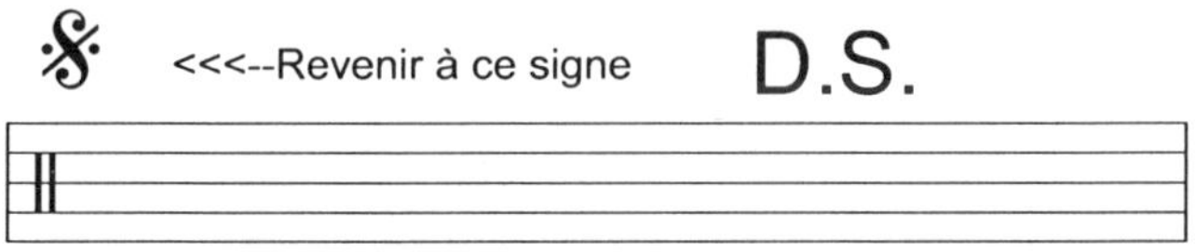

CODA
Signe placé au-dessus de la portée et qui, lors de l'exécution d'une reprise, d'un D.C. ou d'un D.S., renvoie à un autre signe similaire placé à la fin du morceau. On remplace aussi ce signe par Al coda ou Coda.

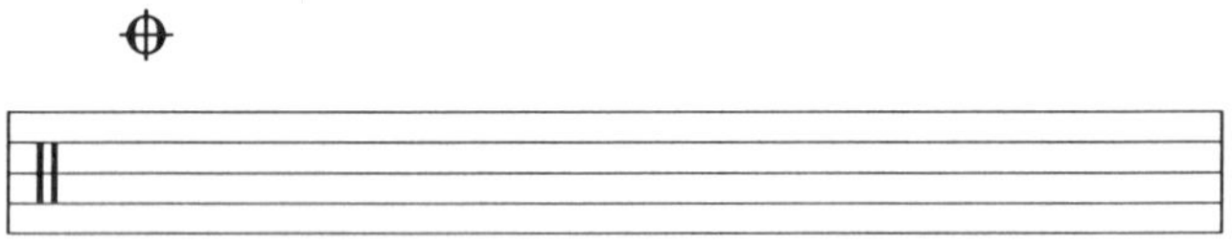

SIGNE DE RÉPÉTITION DE MESURE
Ce signe se place sur la portée et indique de répéter la mesure précédente.

SIGNE DE RÉPÉTITION DE MESURE
Ce signe se place sur une barre de mesure, à cheval sur deux mesures et indique de répéter les deux mesures précédentes.

Première Leçon – Glossaire

BARRE DE REPRISE
La barre de reprise du début est formée d'un trait gras suivi d'un trait léger et de deux points superposés, tandis que celle de la fin est formée, à l'inverse, deux points, trait léger et trait gras.

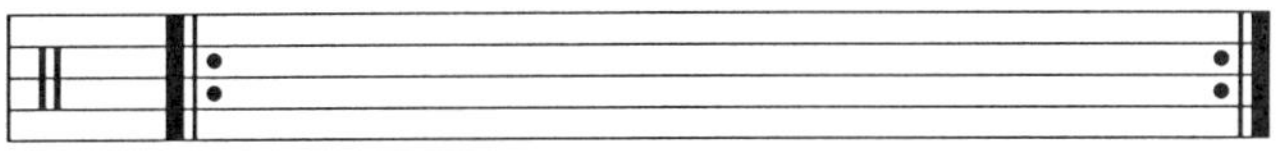

SIGNE DE MÉTRONOME
Cet exemple indique qu'il y aura 120 temps de noires par minute, donc deux noires par seconde.

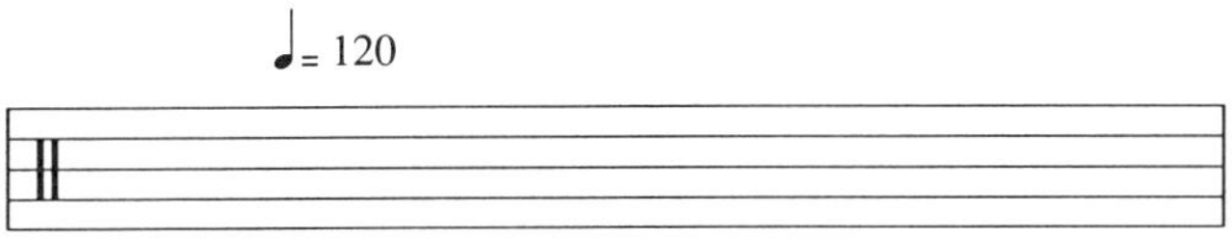

D.C. al Coda
D.C. = Da Capo, "du début" en italien.
Reprendre depuis le début jusqu'au coda.

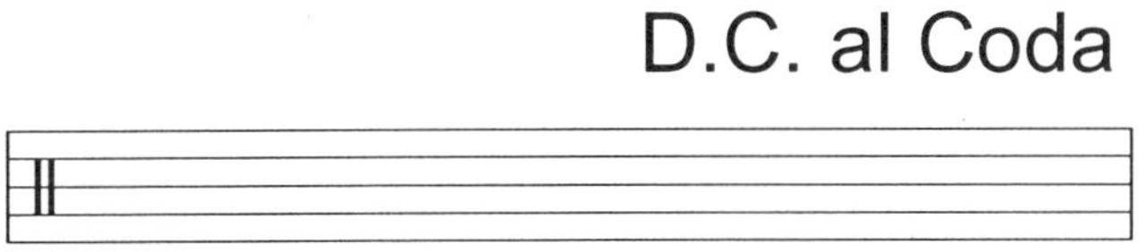

D.S. al Coda
Reprendre depuis Dal Segno (D.S.) jusqu'au coda.

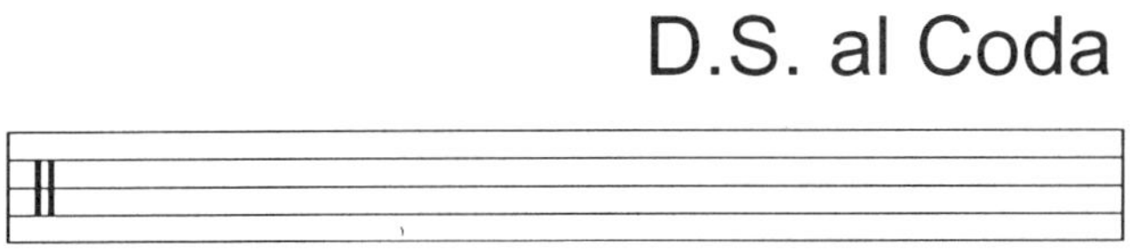

D.S. al Fine
Reprendre depuis Dal Segno (D.S.) jusqu'à la fin.

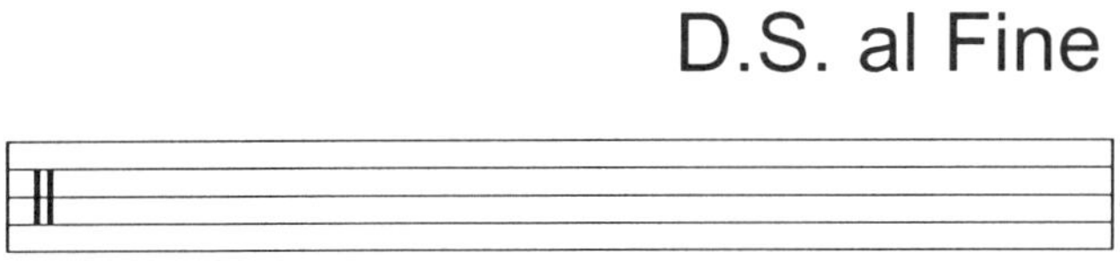

D.S.
Reprendre depuis Dal Segno (D.S.).

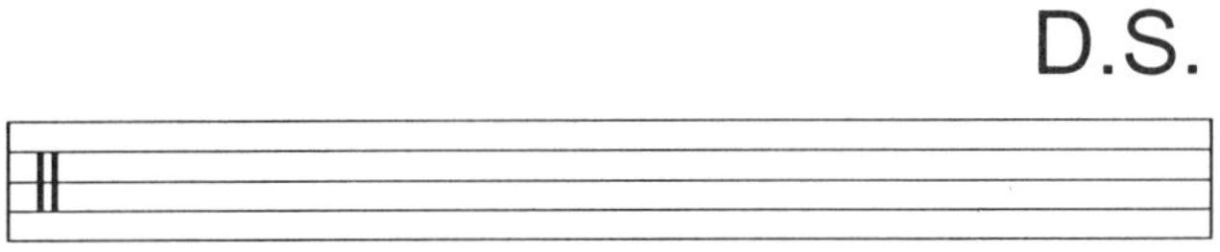

Fine
Indique la fin du morceau.

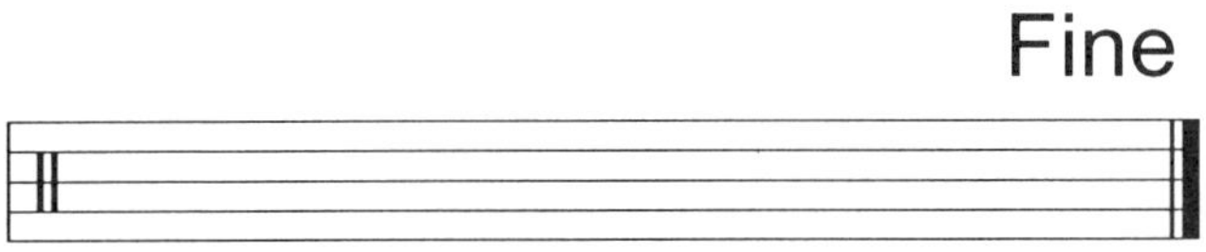

Al Coda
Continuer jusqu'au signe de coda.

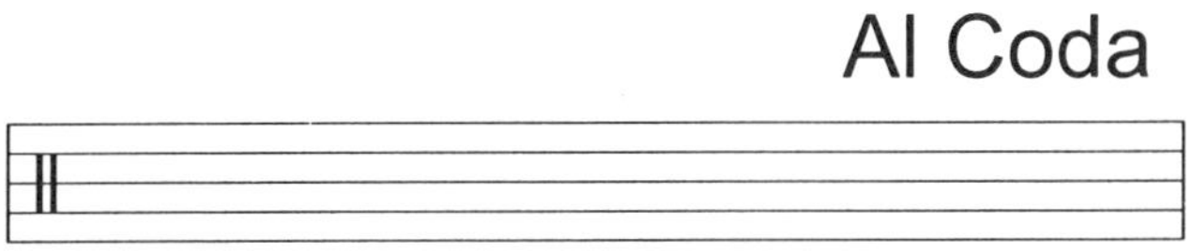

Première Leçon – Glossaire

D.C. al Fine
Reprendre du début jusqu'à la fin.

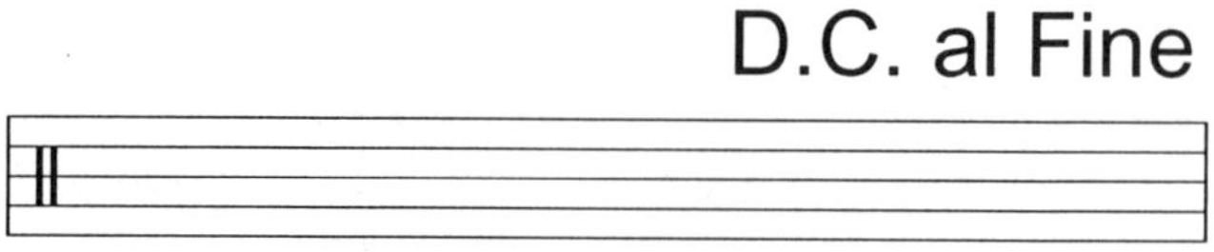

DC
Reprendre au début.

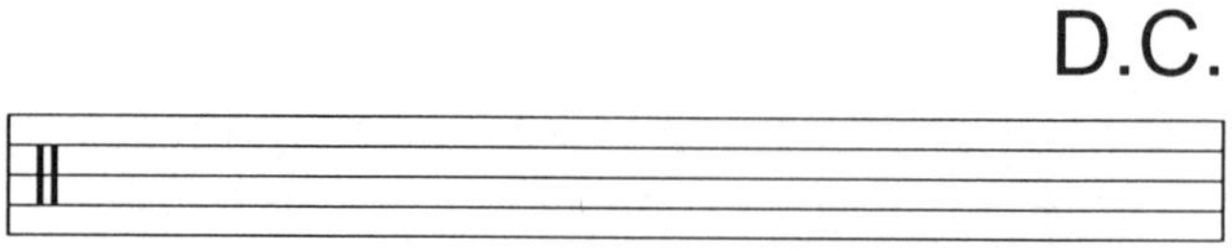

COUPURES À LA REPRISE
Lorsque la fin d'un passage diffère lors de la reprise, on surmonte cette partie d'un trait et d'un chiffre. La 1re fin mène à la répétition du passage, cette 1re répétition se terminera par la 2e fin, la 2e répétition se terminera par la 3e fin, etc.

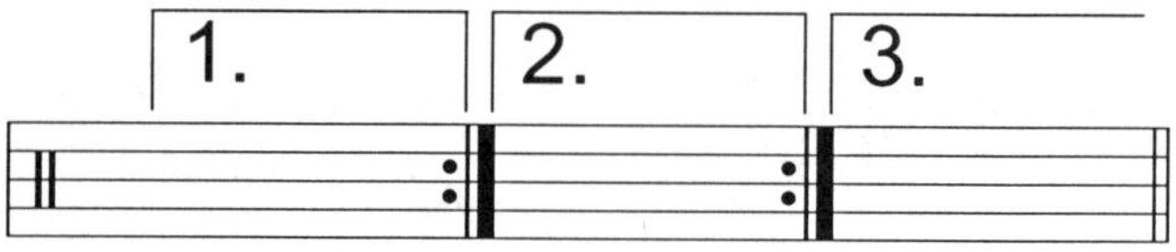

BARRES OBLIQUES
Chaque barre indique la répétition, pendant un temps, du passage exécuté lors de la mesure précédente.

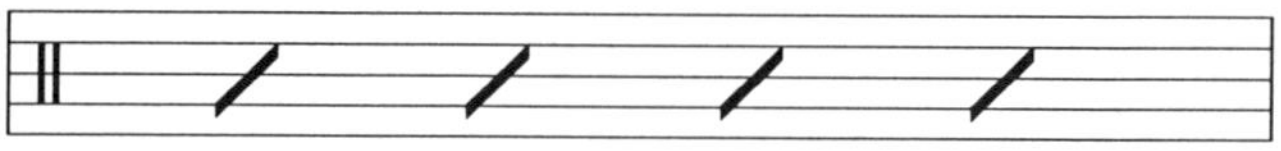

DOUBLE BARRE DE MESURE
Deux traits légers indiquent la fin d'un passage.

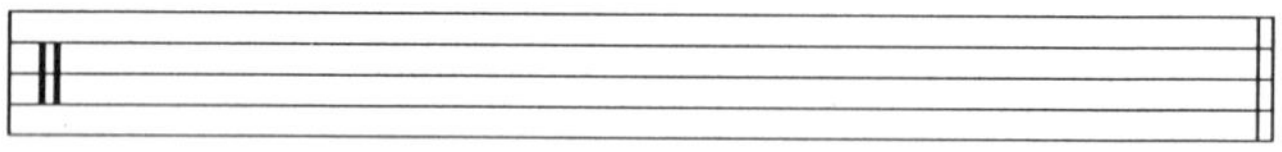

DOUBLE BARRE DE MESURE (Fin)
Un trait léger et un trait gras indiquent la fin du morceau.

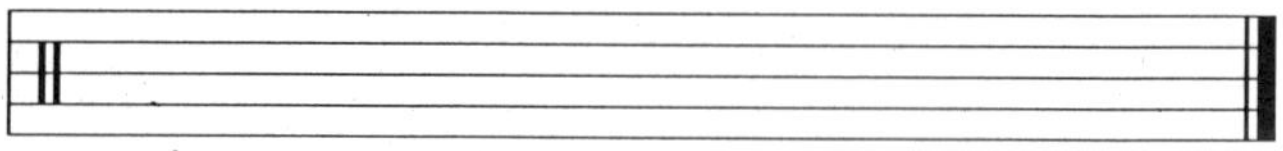

SIGNE DE PAUSE
Indique une interruption momentanée dans le morceau.

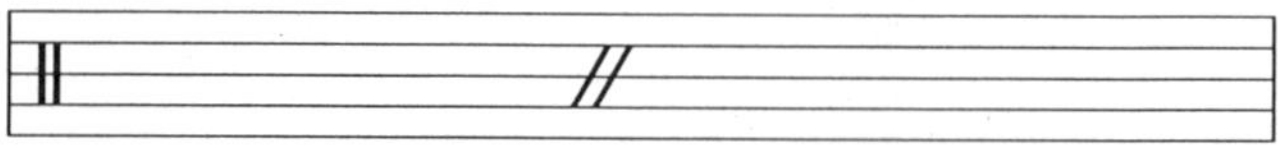

ROULEMENT DE BATTERIE